Semblanzas y discursos
de agrupaciones culturales
con bases territoriales de La Araucanía

Víctor Díaz Esteves
y
Rodolfo Hlousek Astudillo

Semblanzas y discursos
de agrupaciones culturales
con bases territoriales de La Araucanía

Colectivos participantes
Alapinta; Familiares de Detenidos, Desaparecidos y Ejecutados políticos de La Araucanía, Huitral Mapu; Los Coigües, Arauko Malleko Kautín-AMK, Novena resistencia 9R; Oveja Verde; Rukarelmu; ARPPA; Veintinueve de Marzo 29M; Radio Comunitaria Ercilla; Red de Semillas Libres Wallmapu y Titerike.

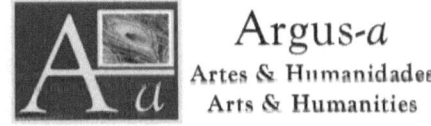

Argus-*a*
Artes & Humanidades
Arts & Humanities

Buenos Aires, Argentina - Los Ángeles, USA
2020

Semblanzas y discursos de agrupaciones culturales
con bases territoriales de La Araucanía

ISBN 978-1-944508-24-1

Ilustración de tapa: Cerro Polanco, Valparaíso. Realizado durante el evento Polanco Graffestival, 2012. Muro y foto gentileza de Gabriel Veloso. Colectivo muralista Alapinta

Diseño de tapa: Argus-*a*.

© 2020 Víctor Díaz Esteves y Rodolfo Hlousek Astudillo

All rights reserved. This book or any portion thereof may not be reproduced or used in any manner whatsoever without the express written permission of the publisher except for the use of brief quotations in a book review or scholarly journal.

Editorial Argus-*a*
16944 Colchester Way,
Hacienda Heights, California 91745
U.S.A.

Calle 77 No. 1976 – Dto. C
1650 San Martín – Buenos Aires
ARGENTINA
argus.a.org@gmail.com

ÍNDICE

Agradecimientos	3
Nota de los editores	3
Presentación	5
Prólogo	9
Palabras iniciales	12

CAPÍTULO I
COLECTIVOS PARTICIPANTES   21

Marco normativo	21
Criterios de inclusión	23
Características territoriales de los colectivos	24
Método	25

1. Agrupación Alapinta. — 29
2. Agrupación de Familiares de Detenidos, Desaparecidos y Ejecutados políticos de La Araucanía — 32
3. Agrupación Huitral Mapu — 35
4. Agrupación Los Coigües — 38
5. Agrupación musical Arauko Malleko Kautín-AMK — 39
6. Agrupación Novena Resistencia 9R — 42
7. Agrupación Oveja Verde — 45
8. Agrupación Rukarelmu — 48
9. Movimiento Cultural Población Paredes ARPPA — 51
10. Movimiento Veintinueve de Marzo 29M — 55
11. Radio Comunitaria Ercilla — 57
12. Red de Semillas Libres Wallmapu — 61
13. Titerike — 65

CAPÍTULO II
NOCIONES DEFINIDAS
POR LOS COLECTIVOS
A PARTIR DE LOS MAPAS SEMÁNTICOS 69

- Mapas/Territorios   70
- Educación popular/Comunicación/Culturas   87
- Políticas/Cambio Social/Identidad/es   109

CAPÍTULO III
ANÁLISIS DE LOS DISCURSOS
DE LOS COLECTIVOS   115

Consideraciones finales   127

Epílogo   135

Referencias bibliográficas   137

Agradecimientos

A las trece agrupaciones que participaron por compartir abierta y solidariamente la información acerca de sus experiencias, reflexiones de vida y de lucha activa. A la Editorial Argus-a, por confiar en nuestro trabajo y difundirlo. A los Doctores que conformaron el Consejo Editorial de América Latina: Aravena, Lay, Mansilla y Hartmann, porque evaluaron la calidad y el espíritu de este trabajo, reconociendo el mérito de manera rigurosa y sistemática. A Raúl Zibechi por la generosidad de sus palabras y dignarse a colaborar con humildad y franqueza en el prólogo; a quienes contribuyeron con levantar el andamiaje teórico de la obra; y a USTEDES, lectores porque confiaron en el sentido último de este trabajo que no tuvo otro objetivo que rescatar la esencia de nuestros pueblos latinoamericanos en su día a día, velando por una sociedad más justa, fraterna y equitativa en la construcción de un NOSOTROS.

Nota de los editores

¿En qué medida las estrategias discursivas que emergen de las agrupaciones culturales y movimientos sociales de La Araucanía dan cuenta de visiones críticas a las lógicas del mercado? ¿Puede transformarse la comunicación en un catalizador de las experiencias, imaginarios, identidad y memoria cultural de los territorios? A partir de un estrecho trabajo con las organizaciones de base, el presente libro proporciona interesantes antecedentes para responder estas interrogantes. Entre otros tópicos cabe destacar el tratamiento que se hace de la participación ciudadana, el protagonismo de los sujetos y la conexión entre el discurso de los actores y cuestiones políticas, filosóficas y éticas fundamentales en el contexto del Chile actual.

José Antonio Aravena Carrasco
Doctor en Sociología, Universidad Alberto Hurtado
Investigador adjunto de la Universidad Diego Portales, Santiago, Chile

Este libro nos presenta la experiencia, en propia voz, de trece agrupaciones y movimientos sociales de esa región chilena, resaltando los discursos territoriales y políticos, con los que cada actor analiza su propia realidad, imaginarios y memoria cultural. Lo anterior representa no sólo un eslabón de la gestión cultural comunitaria, sino un medio de difusión de tales ideas, fortaleciendo, desde la perspectiva de la comunicación popular, el empoderamiento de las organizaciones sociales en pro de su propio desarrollo autogestivo.

Israel Tonatiuh Lay Arellano
Doctor en Ciencias Sociales, Universidad de Guadalajara
Académico de la Universidad de Guadalajara, México

El libro Semblanzas y discursos de agrupaciones culturales con bases territoriales en la Araucanía *de los autores Víctor Díaz Esteves y Rodolfo Hlousek Astudillo, es una obra que se ha nutrido de múltiples fuentes, gran parte de ellas subterráneas, desde las cuales emerge la memoria, las voces múltiples que también constituyen el hilo conductor de la historia, energía agrupada y volcada en actos éticos y políticos que configuran notables ejemplos de resiliencia social. Esta obra adquiere especial relevancia, sobre todo hoy, en un Chile que abrió sus venas para mostrar su* ethos *auténtico. La sociedad está en movimiento y se hace vida la idea que la realidad está socialmente construida y, por consiguiente, puede y debe ser de-construida si ésta no cumple con las expectativas de justicia, bienestar y bien-ser de sus miembros, para así constituir una mejor y más armónica urdimbre social.*

Juan Guillermo Mansilla Sepúlveda
Doctor en Filosofía y Letras, Universidad Pontificia de Salamanca, España
Decano de la Facultad de Educación, Universidad Católica de Temuco, Chile

Temuko, 12 de enero de 2020

Presentación

SEMBLANZAS
Um comentário crítico

por Attilio Ignacio Hartmann, s.j.[1]

Ler este trabalho me deu uma enorme satisfação: ainda existem iniciativas que, desde o local, se transformam em vozes e práticas proféticas de salvação para um mundo em vias de extinção. A afirmação talvez pareça um tanto apocalíptica e o é, de fato: no momento que escrevo, um paranóico do hemisfério norte, para evitar um processo de impedimento político e passar para uma população anestesiada a sensação de homem forte, valente, "rápido no gatilho" ao estilo faroeste, e dar um up para sua reeleição, assassina um líder árabe num claro ato de terrorismo (quando se mata indistintamente)!

Vou fazer algumas observações a partir de uma chave de leitura que serve como referencial: a pessoa só será humana e feliz se for protagonista da sua história individual e sociocultural. Este protagonismo é de absoluta necessidade para que o viver humano faça sentido.

A realidade do mundo contemporâneo nos submerge num sistema que nos quer indivíduos, sem consciência pessoal, apolíticos e estúpidos robôs consumidores. Mônadas, verdadeiras mônadas, cuja preocupação única é cada um se dar bem em seu pequeno mundo fechado sobre si mesmo e o resto... bem, o resto que se dane... Por ser um termo não muito usual, "mônada" requer uma breve explicação. Mônada é um conceito de Gottfried Wilhelm Leibniz (1646-1716), um homem universal, matemático, que divide com Isaac Newton o título de inventor do cálculo. Leibniz afirma que as mônadas "não têm janelas pelas quais alguma coisa possa entrar ou

---

[1]Sacerdote Jesuita, Doctor en Ciencias de la Comunicación por la Universidad de São Paulo. Periodista y Magister, actualmente es es Director de Livraria Padre Reus y del Periódico Solidário de Porto Alegre-RS-Brasil.

sair". Assim, elas não interagem de forma alguma com outras mônadas. Cada mônada é como um mundo fechado em si mesmo. Me parece importante lembrar a figura da mônada de Leibniz para ilustrar, mais de três séculos depois, a crescente individualização do homem/mulher do século XXI. Ao contrário da mônada, o ser humano para ser humano é, por definição, um ser em relação.

A igreja cristã-católica pós Concílio Vaticano II protagonizou, especialmente na América Latina, experiências participativas de comunidades de fé. As chamadas "Comunidades Eclesiais de Base" (CEBs) se transformaram em territórios de celebração da fé e de transformação social. Para que fique claro: a fé, ou é transformadora da realidade social e política, ou não é cristã. Nestas comunidades, o protagonismo era fundamentalmente dos cristãos leigos, o que "assustou" grande parte da hierarquia católica. O triste aborto de uma prática de fé mais conforme com o Projeto de salvação de Jesus Cristo foi um dos pecados recentes da instituição eclesial.

Trago a experiência de fé das CEBs porque vejo uma similitude muito grande com as experiências resgatadas pela pesquisa de Semblanzas. São características de ambas o protagonismo, o sentido de pertença, a preocupação com o social e o político, a preservação da natureza, a solidariedade, a capacidade de acolher e integrar o diferente, o gosto pela arte e pela música, o amor à vida e a todas as suas manifestações.

Estamos assistindo diferentes tipos de manifestações mundo afora com propósitos e reivindicações as mais diversas. Muitas destas manifestações têm como mote a denúncia, sem definição clara do objeto que reivindicam. Só a denúncia é um grito que o vento leva. A denúncia mais eficaz é aquela que denuncia em ações proativas, gerando protagonismos e processos de mudança. A ação proativa é um "espinho na carne" do sistema, o que explica a perseguição a iniciativas que geram mudança. Aqui vejo outra semelhança entre as aludidas comunidades de base e o Projeto Semblanzas.

Quero identificar um risco real que iniciativas como as pesquisadas podem sofrer e a ele sucumbir: é o risco da formação de guetos (mônadas coletivas), até como mecanismo de preservação e segurança. Aqui se faz necessário um debate constante entre os membros da uma instituição ou movimento popular para manter sua necessária abertura e sentido social, que é sua razão última de ser. Um projeto popular voltado sobre si mesmo é uma contradição essencial.

Por me parecer mais abrangente e, de certa forma, incluir os diferentes recortes das instituições pesquisadas, saliento a Agrupação Rukarelmu, cujos princípios e pensamentos "semente" podem servir como uma espécie de "Carta Magna" referencial para todos os movimentos e agrupações populares.

1°. Pensar uma mudança global desde a atuação em nível local. O local, em nível individual no núcleo familiar até a mudança global.

2°. Cultura e Paz, um binômio complementar. A paz, um valor planetário, é a base de sustentabilidade que só acontece com justiça social. "Onde há paz, há cultura; onde há cultura, há paz" (Roerich).

3°. Educação é liberdade. Informar-se, conhecer, saber e experimentar são fundamentos da ação transformadora da sociedade.

4°. O empoderamento pessoal como forma de horizontalizar a organização. Dizer e fazer, dois momentos de uma mesma ação.

5°. Ecologia e sustentabilidade, internalizando que somos parte da natureza e interdependemos. Nossas ações devem considerar os direitos das futuras gerações. Neste item, sinto a presença de duas vozes atuais que se complementam: a voz do Papa Francisco e a voz jovem de Greta Thinberg.

6°. Finalmente, a arte para sanar, incentivando as expressões e manifestações artísticas como um meio de autoconhecimento e saúde pessoal e coletiva.

Repito e concluo: a pessoa só será humana e feliz se for protagonista da sua história individual e sociocultural. Pessoas humanas felizes fazem uma sociedade feliz. O desejo de ser feliz está aninhado no mais profundo de todo coração humano. Este me parece ser o objetivo último que perseguem, sob diferentes matizes e âmbitos, todas as instituições pesquisadas neste Projeto Semblanzas.

Porto Alegre, diciembre 2019

Prólogo

Por Raúl Zibechi[2]

La diversidad y la heterogeneidad son las principales características de cualquier sociedad libre y dinámica, ya que el sistema hegemónico busca la homogeneidad y la uniformidad para convertirnos en meros consumidores. Pero esas singularidades no son rasgos esenciales, inherentes o heredados. Las multiplicidades y abigarramientos de nuestros pueblos son rasgos defendidos a sangre y fuego por las comunidades, capaces de reproducirlos para mantenerlos vivos.

Por eso, no me sorprende que la Araucanía, como se sostiene en este libro, sea la región con la mayor tasa de organizaciones sociales en Chile. Insisto: no heredaron esa complejidad sino que la recrean para resistir y seguir siendo pueblo, nación mapuche. Los colectivos humanos se arraigan en la tierra, a la que convierten en territorios en resistencia, y en ellos se despliegan como comunidades, adoptan la forma comunitaria para mejor ser-resistiendo; re-existiendo.

Prefiero huir de toda tentación esencialista, de cualquier consideración que atribuya a un pueblo ciertas cualidades fundamentales, para poner el acento en la experiencia viva. En ese sentido, quiero enfatizar que la frase "los mapuche son….", debería traducirse como "los mapuche se construyen como…". No siguen un camino prefijado por las tradiciones y la cosmovisión, sino que eligen cada día y a cada hora tomar tal o cual sendero.

Con lo anterior no pretendo menoscabar la importancia de las tradiciones, sino enfatizar la libertad de elegir, por un pueblo que durante cinco siglos eligió, y sigue eligiendo, la terca y digna resistencia

---

[2] Raúl Zibechi (Montevideo, 25/1/1952) es escritor y pensador-activista uruguayo, dedicado al trabajo con movimientos sociales en América Latina. Premio José Martí de Periodismo por la Agencia Prensa Latina, Cuba, 2002 y Doctor Honoris Causa por la Universidad Mayor de San Andrés, Bolivia, 2017. Autor de numerosas obras y artículos en América Latina y el mundo, traducido a varias lenguas.

frente a los opresores de ayer y de hoy. Lo contrario, lo más fácil por cierto, sería atribuir la notable lucha mapuche a rasgos casi genéticos, algo fuera de toda libertad de elegir y ceñido simplemente a la rutina de continuar transitando el sendero de siempre.

Quiero decir que lo de siempre, en la Araucanía, ha sido y es la dignidad de optar por la vida digna, o la muerte digna, los caminos que nos enseñaron Matías Catrileo y Camilo Catrillanca, entre muchos otros. Por eso, por los cientos de matías y los cientos de camilos que han parido las comunidades mapuche, es que la Wenüfoye flamea al viento en las calles de todas las ciudades chilenas, como símbolo de la dignidad de un pueblo. Ni más, ni menos.

Este libro representa, de algún modo, esa diversidad irreductible. La mayoría de las trece agrupaciones entrevistadas son de carácter cultural, entendiendo la cultura como la principal y más potente manifestación de un pueblo, no como un relleno o algo subsidiario que vendría después de lo "importante" (la economía, la política) como suelen considerar no pocos académicos y la clase política hegemónica. La cultura es lo central, el núcleo de un pueblo, aquello que lo hace ser y el modo como se manifiesta.

En la sociedad urbana blanca capitalista, la cultura hegemónica es el consumo. De ahí la importancia que adquieren en sus tramas urbanas, y en sus tiempos de vida, esas catedrales llamadas shoppings, donde los feligreses adoran mercancías (todas iguales, todas insípidamente indiferenciadas) y se endeudan para comprarlas. El acto de comprar es el clímax de la vida en el capitalismo, una suerte de orgasmo y espasmo en medio de la mediocridad de una vida hecha para tener sin ser.

En el mundo de los pueblos originarios los rituales giran en torno a la tierra y el cosmos, se dedican a afianzar los lazos comunitarios y la espiritualidad. Así como el trawün nos comunica con otras y otros en una suerte de encuentro/asamblea, el nguillatún nos conecta con el mundo espiritual y el machitún nos relaciona con la potencia de la sanación, por poner algunos ejemplos. Todos los rituales mapuche tienen un fuerte contenido espiritual y de encuentros de vida con los demás seres no humanos, ríos y montañas y mares. En ninguno de estos ritos el centro es el individuo o la acumulación de bienes materiales, conceptos que resultan extraños para las cosmovisiones originarias.

Como lo enseñan los trece movimientos compilados en este libro, estamos ante un pueblo en movimiento, una sociedad otra, heterogénea respecto a la chilena; una sociedad con todos sus atributos: con territorios propios, con autoridades tradicionales que se renuevan y actualizan, con lengua y cosmovisión, con capacidades de sanación que arraigan en sus geografías, con un sinfín de recursos materiales y simbólicos. Sin territorio y sin identidad no habría capacidad de autogestión y de autonomía, ni de transmisión de saberes por canales propios, comunitarios.

No se me escapa que el Estado hace su trabajo, como lo hacen las grandes empresas capitalistas, para apartar a los pueblos de su camino emancipatorio. En los últimos años están combinando la represión con la cooptación, para mejor inocular el virus sistémico que consiga debilitar primero, para aniquilar después, todo vestigio comunitario de vida en común. Convertir las tierras comunales y las relaciones entre iguales en vínculos individuales entre "ciudadanos" y Estado, es el objetivo trazado.

En ese sentido, los proyectos que baja el Estado a las comunidades, disfrazados de "ayuda" a través de fondos concursables y una variedad casi infinita de iniciativas, representan un desafío mayor para los movimientos y las agrupaciones culturales. Convertir la cultura en mercancía, despolitizándola, requiere tecnologías de la comunicación y del convencimiento que, por lo general, se completan con ofertas de cargos bien remunerados, viajes, becas y bienes simbólicos que tienden a apartar a los activistas de sus comunidades.

En los últimos años, bajo la experiencia de los gobiernos progresistas, he observado que unos cuantos movimientos aprendieron a manejar estas situaciones complejas sin dejarse manipular, utilizando recursos del Estado para fortalecer su autonomía. No es algo sencillo, por cierto, pero nada se consigue con respuestas ideologizadas ante problemas nuevos, como suelen ser las baterías de políticas sociales desplegadas por los gobiernos. En estos casos, la autonomía no consiste en no recibir nada del Estado, sino en decidir en colectivo, abajo y en comunidad, cómo se gestionan esos recursos, para evitar que nos manipulen y debiliten.

Trabajar por el cambio social y la creación de mundos nuevos, no es tarea sencilla; ni lineal, ni exclusivamente política (en el sentido que la generación de los setenta le dio a ese término). Crear mundos otros es un arte, que se practica en colectivo, que requiere de cuerpos y espíritus más que de programas y mandos centrales. Un arte en el cual el corazón y la piel son guías más confiables que una cierta racionalidad que –las más de las veces- nos conduce a un pragmatismo frío, calculador y capitalista. Creo que las experiencias de las agrupaciones que recoge este libro pueden servirnos de inspiración para seguir siendo y, en el camino, continuar delineando mundos otros.

Montevideo, diciembre de 2019

Palabras Iniciales

> *La Palabra surge de la Naturaleza y retorna al inconmensurable Azul desde donde nos alegra y nos consuela Cuando la Palabra cree/imagina interrogarse no es sino lo innombrado que la interroga para sacudirla, para desempolvarla, para intentar devolverle su brillo original. ¿Para qué entonces el deseo de decirlo todo si, como en un tejido, el Ahora -en el tiempo circular- existe y se completa con las hebras del ayer y del mañana? Así nos dice el tiempo que sueña que nos sueña.*
> *Que soñamos.*
>
> Elicura Chihuailaf,
> *Sueños de Luna Azul*,
> 2008

La palabra nos motivó a ir al encuentro del otro, un "otro/a" comprometido con lo social, político y cultural al sur del mundo; con su entorno y la historia. La palabra moviliza y transforma, crea una realidad que construye mundos cotidianos. La palabra comunica, resuelve, razona y comparte vida. La palabra identifica, crea y une. Ya lo mencionaba el poeta Elicura Chihuailaf (2008): "Cuando la Palabra cree/imagina interrogarse no es sino lo innombrado que la interroga para sacudirla para desempolvarla, para intentar devolverle su brillo original".

El presente libro de investigación -sistematizado por comunicadores populares- se convierte en un viaje en busca de la construcción de un perfil que procura confluir prácticas discursivas, teorías y políticas públicas desde las propias voces de trece agrupaciones[3] culturales y movimientos sociales de La Araucanía, fundadas entre 1999 y la actualidad; colectividades cuyas lógicas de funcionamiento hacen uso de diversas estrategias para expandir sus ideario críticos en el

---

[3] El uso de "agrupaciones" es inclusivo y engloba, en esta publicación a lo que el colectivo entrevistado refiere según su propia autodenominación ya sea movimiento u organización.

contexto global imperante atravesadas por las lógicas de mercado que las amenazan de manera constante.

El libro que realizamos nos dice que hoy la sociedad requiere de la comunicación como un acto sociocultural vinculante en la región, para transferir sus experiencias, análisis y síntesis, en torno a sus respectivas realidades cotidianas, desde sus territorios, imaginarios y memoria cultural.

A partir del levantamiento de información que emanó de las propias agrupaciones, observamos un giro hacia un discurso sociocultural, político y territorial en la zona del quehacer que cada uno de los actores define como "cultural, artística y/o comunicacional". Problematizamos de esta manera el concepto de "Bien vivir", que en palabras de Aníbal Quijano se trata de:

> Una realización histórica efectiva, no puede ser sino un complejo de prácticas sociales orientadas a la producción y a la reproducción democrática de una sociedad democrática, un otro modo de existencia social, con su propio y específico horizonte histórico de sentido, radicalmente alternativos a la colonialidad global del poder y a la colonialidad/modernidad/eurocentrada (Quijano, 2014, pp. 847-848).

Buen vivir proviene de la expresión quechua: *sumak kawsay* que traduce la cosmovisión ancestral de la vida. También, según la línea de Quijano y otros autores como Víctor Silva Echeto, ya superados los '90 es un paradigma epistemológico político, cultural y social que se originó especialmente en Ecuador y Bolivia. Si bien se tradujo como buen vivir o la vida en plenitud o *suma qamaña* que en aymara se traduce como "vivir bien".

Esta noción busca confrontar y superar las ambiciones limitantes de la matriz de pensamiento eurocéntrico, desde una narración moderna y capitalista esencialista como la única forma posible de pensar y vivir. Con esto, consideramos necesario empoderar a la sociedad respecto de los procesos, reconociendo en agrupaciones culturales y movimientos sociales, diversas estrategias que facilitan la reinvención, actualización, visualización y revisión de los conflictos que los atañen, transparentando sus perspectivas o miradas de mundo, propiciando el encuentro y el reconocimiento entre ellas, para avanzar en conjunto hacia una discusión de políticas públicas construidas desde el interior de las instituciones e instaladas en la sociedad. Hemos rescatado el valor ético, filosófico y político de lo que cada actor desde sus prácticas discursivas, nos demostró vivenciar al interior de sus medios populares de comunicación locales impactando favorablemente a sus comunidades. Desde allí se revaloriza de manera identitaria el concepto de "sujeto popular" activo y protagonista.

Este documento se inicia con un catastro de organizaciones a las que denominamos agrupaciones culturales y, a otras, movimientos sociales. A ellas nos hemos acercado personalmente para conocer sus opiniones y relatos a través de una metodología participativa con entrevistas y la aplicación de un instrumento metodológico denominado Mapa semántico o Grafo léxico, para conocer las palabras claves que conforman el universo vocabular al interior de cada agrupación de las provincias de Malleco y Cautín.

La aplicación de los métodos descritos originó una serie de representaciones a través de esquemas visuales libres desde las propias agrupaciones, relacionados mediante nodos que posteriormente dieron lugar a frecuencias de uso emergentes a través de las gráficas. Estas situaciones de comunicación impactaron de manera explícita y, a la vez, tensionan las políticas institucionales en el campo de la cultura y las artes desde el Estado y los gobiernos de turno.

Cabe decir que el desarrollo del texto está escrito en género híbrido, favoreciendo la descripción, pero también la argumentación y el detalle de los testimonios vividos en cada comunidad -con componentes semánticos y pragmáticos- para lo cual se usó una estructura clásica de presentación, desarrollo, análisis y conclusión, usando instrumentos y representaciones visuales que sinterizan los mapas realizados por cada colectivo.

Ante la imposibilidad de abarcar sus imaginarios colectivos en su totalidad, se intentó una aproximación a sus lógicas, procesos de producción cultural, hitos y logros obtenidos por estas colectividades que son las protagonistas. Estas son las principales razones que nos hicieron reconocer las necesidades y demandas del Sur del mundo, y por ende exigirnos a nosotros mismos, desde un *ethos* comunicacional popular que nos giró, al decir de Quijano (2014), hacia un cambio de paradigma para el buen vivir en el siglo XXI.

Lo anterior sirve para indicar que la investigación es de corte cualitativo y se basa en el modelo de Investigación de Acción Participativa (IAP) cuya trayectoria en América Latina ha sido vasta. Su principal exponente, Paulo Freire, ha tenido una proliferación de seguidores tales como los autores que aquí se abordan desde la mirada de la Educación Popular (Carlos Rodrigues Brandao, Orlando Fals Borda, Jorge Huergo, José Luis Rebellato y Mario Kaplún), no en vano quienes protagonizan, proponen y dirigen la reflexión son las personas de los propios colectivos. Dicho esto podríamos afirmar que los autores mencionarían sin lugar a dudas que el trabajo realizado no es más ni menos que una experiencia más de Educación Popular en América Latina.

Posteriormente se usó como método primero la inferencia y en orden de categorías que ayuden a reconocer las lógicas de trabajo desarrollado por cada agrupación o comunidad. Sólo a partir de cada sujeto popular protagonista es que se realiza esta construcción reflexiva centrada en las acciones de las agrupaciones culturales, con una mirada sociocultural enclavada en el territorio que pertenece al Wallmapu o La Araucanía.

A continuación describimos los siguientes objetivos de investigación[4]:

1º. Describir mediante un análisis triangulado entre este organismo, la producción teórica académica y las palabras clave levantadas mediante los Mapas Semánticos realizadas por cada colectivo.
2º. Identificar los discursos en torno a la participación cultural, la ciudadanía, la autogestión y de empoderamiento comunitario en el escenario actual.
3º. Realizar un catastro de las organizaciones comunitarias, de bases territoriales, con mirada sociocultural, trayectoria y compromiso en La Araucanía.
4º. Observar el entorno para identificar las actividades de las organizaciones y el impacto local y regional.

Como se señaló, para aunar a las trece agrupaciones culturales y movimientos sociales entrevistados, se aplicaron los siguientes criterios de selección: antigüedad, lógicas de trabajo participativo y los ejes temáticos que afloraron desde ellos mismos y desde sus prácticas discursivas tales como: medio ambiente, cultura, comunicación y sociedad.

Los instrumentos que se han aplicado han sido dos: Entrevista Abierta, para reconocer los antecedentes de la agrupación, sus objetivos, principios e hitos más relevantes, definido este instrumento por las ciencias sociales, como un conjunto de preguntas que el entrevistador(es) hace cara a cara con el entrevistado. El segundo instrumento es el Mapa Semántico o Grafo Léxico, definido como "una estrategia video espacial que expresa en forma gráfica la estructura o categoría de una información o contenidos a través de una relación

---

[4] Como antecedente, se realizó una investigación primigenia apoyada por el Consejo Nacional de la Cultura y las Artes de La Araucanía y la Universidad de La Frontera durante 2016, que aportó luces para la elaboración de este trabajo. Posteriormente, se divulgaron los avances en congresos sobre comunicación y educación en Chile y Argentina: Universidad Nacional de Córdoba y Universidad Nacional de Villa María, Argentina (8-10 de mayo, 2019); y Universidad del Bío-Bío, Chile (31 de mayo al 1 de junio, 2019).

de ideas, conceptos o palabras fundamentales que integran un concepto mayor y que lo definen y lo explican" (Campos Arenas, 2005, p. 53).

El hito fundacional de las agrupaciones que abordamos ancla desde el regreso a la Democracia (1989) y las diversas actividades nacen desde el valor de la solidaridad, que a través de este documento busca articular a diversos territorios de La Araucanía y que en la actualidad cada una de ellas se han conformado como agrupaciones u organizaciones de base con un foco social, cultural y/o artístico, desde sus respectivos contextos espaciales, de Cautín y Malleco.

Indudablemente no son todas las agrupaciones que existen en la actualidad en la zona, pero muchas de ellas trabajan en la red regional de La Araucanía, del gobierno de Chile. También incluimos en la lista a otras comunidades u organizaciones que no estaban mapeadas por la institución y que surgieron desde las experiencias de los investigadores y por datos otorgados de parte de las mismas agrupaciones.

El encuentro comunitario en La Araucanía data de las fiestas costumbristas, en las peñas en la ciudad y en diversas actividades realizadas por las agrupaciones, tales como murgas, batucadas y pasacalles. Paulatinamente estos antecedentes se expresan y se actualizan en los imaginarios locales en diversas situaciones y no siempre son visibilizados por los testimonios de los actores que han ido creando estas actividades o de quienes han participado en ellas.

En Temuco, en el año 1990, por ejemplo, luego de la dictadura, se realizó el primer encuentro de Arte Popular realizado en el Balneario Los Pinos, de la población Santa Rosa, organizado por el grupo musical La Eskina y Arakmapu. En dicha actividad participaron emblemáticos grupos musicales de diversos géneros: Sol y Lluvia (*folklore*), Los Miserables (*punk rock*) y Los Panteras Negras (*hip hop*), entre otros. Desde ese año comienzan a proliferar experiencias comunitarias, tales como la agrupación La Muralla de 1991 y medios de comunicación como El Kiosco de la Esquina y el periódico universitario La Aldea, diario universitario iniciado el mes de mayo del año

1997 y que fue impreso hasta el año 2001; así también talleres de pintura Roberto Matta del artista Eugenio Salas y los talleres de poesía y gráfica de Jaime Huenún y Cristián López, entre otras experiencias.

Posteriormente surgen puntos de encuentro como el de La bodega Subkultural y la Fábrica Subkultural; las cumbres Huachacas, a la que en una de sus versiones fue invitada la Periodista de televisión, Pamelas Jiles, siendo elegida reina huachaca el año 2004. Paralelamente en el ambiente universitario se realizaron los menchacazos en la Universidad Católica de Temuco, en el campus Menchaca Lira, razón por la cual recibe ese nombre. Al interior de esta universidad pero desde la escuela de Artes de la Universidad Católica de Temuco surge el colectivo de artes visuales 11 Moscas, luego el Laboratorio de Arte y Cultura Visual, ambas agrupaciones imprimieron de manera auto-gestionada diversos fanzines para referirse de manera creativa a la realidad local en dicho campo.

El primer colectivo que surge es el ARPPA, movimiento cultural que data del año 1996 en Temuco. Desde entonces comprendemos que fueron y siguen siendo diversas las estrategias, técnicas y lógicas de trabajo de las organizaciones que se han levantado en diversas comunas de la región. Según el diagnóstico realizado en el Seminario titulado: "Escenarios y desafíos de la Organizaciones de la Sociedad Civil", #SociedadenAcción, realizado el 3 de noviembre de 2016, en una universidad de Temuco, se ha registrado una interrogante que es hoy una característica en la zona: "¿Sabías que La Araucanía es la región con la mayor tasa de Organizaciones de la Sociedad Civil por habitantes?".

En marzo del 2017 la comuna de Panguipulli, región de Los Ríos, comenzó a conformar la Red de Territorios, la Red de Salud y la Red de medios de comunicación y, comienza a establecerse la red de economías locales. Sumado a ello se realizó el Primer Encuentro de Salud comunitaria en el Wallmapu. También es importante destacar el uso de la plaza Dreves por las organizaciones para crear ferias libres. Este libro resulta ser un reflejo de las diversas organizaciones que han ido emergiendo tras la búsqueda de una emancipación social en un contexto de crisis de representación. Es de las organizaciones para las organizaciones y sus comunidades.

Presentamos tres capítulos. El primero resume de manera imparcial en qué consiste cada agrupación o movimiento que entrevistamos, algunos datos fundacionales significativos y actividades que realizan. El segundo se centra en la interpretación de los mapas grafo léxicos que cada agrupación diseñó de acuerdo a sus propias nociones e ideas. El contenido y la extensión de este capítulo se establece con un criterio abierto y aleatorio, lo que no significa que una agrupación haya aportado más información que la otra, simplemente se dispuso de acuerdo a las temáticas que emanaron. Y, finalmente, el tercer capítulo reflexiona sobre el mundo de las agrupaciones, el sentido y valor de su permanencia en el tiempo, el aporte a la sociedad que brindan y la generosidad de sus integrantes por promover voluntariamente la solidaridad y la justicia social.

Aún queda mucho por hacer, lo que aquí se presenta refleja un granito de arena de cómo las personas logran agruparse por el bien común dejando a un lado sus intereses particulares y atendiendo las demandas que los nuevos tiempos exigen bajo la perspectiva de procurar un ser humano más justo y fraterno, con conciencia de la historia, los valores y las tradiciones culturales de los pueblos de nuestra América Latina.

Víctor Adrián Díaz Esteves
y Rodolfo Augusto Hlousek Astudillo

Temuko, región de La Araucanía, Chile
24 de junio, 2017

CAPÍTULO I
COLECTIVOS PARTICIPANTES

Marco normativo

Los colectivos participantes de este proyecto son amparados por el Ministerio de las Culturas, las Artes y el Patrimonio a través de la Ley N° 21.045 promulgada el 3 de noviembre de 2017 cuyas normas refieren especialmente al: "reconocimiento y desarrollo de las culturas, las artes y el patrimonio". Esta Ley, que se crea es un ejemplo de:

> Cómo preceptos legales y entidades con competencias robustas en la materia pueden propiciar un ambiente favorable para proteger y promover la diversidad cultural, garantizar la participación cultural, el reconocimiento de las culturas territoriales, el reconocimiento del patrimonio como bien público, y fomentar la actividad y el trabajo creativo, entre otros objetivos planteados en este documento (CNCA, 2017, p. 21).

Cabe aclarar que esta ley ha tratado de perfeccionarse con el correr del tiempo y acuñan los mandatos de tratados internacionales y de gran parte de la Constitución Po-lítica de la República en la materia con la intención de generar un contexto más sólido "para la aplicación del entramado jurídico ya existente en que se desenvuelve la actividad cultural, artística y patrimonial" (p. 21).

En general, lo más importante es que el Estado protege e incrementa el patrimonio cultural de la nación, que según la Constitución Política de la República de Chile (Art. 19 N° 10) es la fuente directa de programas que favorecen desde el estado el acceso a la cultura y la participación, a partir de expresiones artísticas y patrimonial salvaguardando "los bienes tangibles e intangibles de valor simbólico" (p.21).

Asimismo hay otras garantías que "sostienen la implementación de este deber. En primer lugar, la libertad de expresión" (Art. 19, N° 12 de la Constitución Política de la República de Chile: Ley N° 19.733, sobre libertades de opinión e información y ejercicio del periodismo; Art. 19 de la Declaración Universal de Derechos Humanos; Art. 13 de la Convención Americana de Derechos Humanos) (p. 22).

Este aspecto permite asegurar el "derecho de todas las personas a manifestarse sin censura previa. Y ligada a esta, la libertad de crear y difundir las artes" según: Art. 19, N° 25 de la Constitución; Art. 27 de la Declaración Universal de Derechos Humanos; Art. 15 del Pacto Internacional de Derechos Económicos, Sociales y Culturales (p. 22).

Esto permite especificar que el derecho a la expresión y la:

> relación al contenido de las obras artísticas son la base para la protección y la promoción de la diversidad cultural. Este principio –respaldado por la declaración universal de la UNESCO sobre la diversidad cultural- favorece la coexistencia, el desarrollo, la transmisión y el diálogo de "la multiplicidad de formas en que se expresan las culturas de los grupos y sociedades (p. 22).

Ante esta normativa a nivel país, las agrupaciones sociales y movimientos culturales de acción colectiva se amparan en el derecho que les precede y aún así, son creadores de sus propias políticas de acción, las que en varias oportunidades disienten con las políticas públicas estatales, conformando una cultura de la resistencia propia, autónoma y emancipadora; sin embargo, esto no les excluye de tal amparo, muy por el contrario, el derecho de la libre expresión les abre las puertas para que se explayen en sus manifestaciones y creaciones artísticas, plásticas, musicales, teatrales, comunicacionales, artesanales esencialmente solidarias, abiertas y democráticas.

Criterios de inclusión

Una vez vislumbrados los marcos normativos en los que se amparan las diversas formas de expresión cultural en Chile y en los territorios autónomos de esta larga franja, consideramos pertinente aclarar de qué forma se procedió a la inclusión de los colectivos en este libro. Tal como se planteó anteriormente, los criterios han sido: antigüedad, lógicas de trabajo participativo y los ejes temáticos o líneas de acción de cada una de ellas, tales como el medioambiente, la cultura, la comunicación, el territorio y la sociedad.

Esto se expresa en organizaciones identificadas como las más antiguas, que desde 1989 han ido concretando labores. Las lógicas de trabajo participativo se refieren a cómo estas se organizan para el logro de sus objetivos, si acaso son inclusivas entre ellas, delegándose responsabilidades o tareas entre sus miembros y si han sido abiertas a la participación de otros actores sociales, o a la comunidad.

En cuanto a los ejes temáticos, entendidos también como líneas de acción de sus prácticas discursivas, son coherentes con sus labores para conformar su identidad, ya estén éstas vinculadas a los ámbitos del medio ambiente, la cultura, la comunicación y la sociedad en su conjunto. Cuando nos referimos al concepto de identidad nos representamos con el argumento de Víctor Silva Echeto (2013), quien las distingue siguiendo a Manuel Castells (2001) en identidad *legitimadora*, identidad de *resistencia* e identidad *proyecto*, es decir:

> La primera fue introducida por las instituciones dominantes de la sociedad para extender y racionalizar la dominación que ejercían sobre otros actores sociales. *La identidad de resistencia*, la generan aquellos actores que

se encuentran en posiciones, o en condiciones devaluadas o estigmatizadas por la lógica de dominación, ante lo cual construyen trincheras de resistencia y supervivencia basadas en principios diferentes u opuestos a los que impregnan las instituciones de la sociedad. En la *identidad proyecto* los actores sociales: 'basándose en los materiales culturales de los que disponen, construyen una nueva identidad que redefine su posición en la sociedad y, al hacerlo, buscan las transformación de toda estructura social' (Silva, 2013, p. 25).

Finalmente, cabe aclarar que la extensión de palabras, la redacción o la forma de expresar sus características y actividades son particulares y obedecen a lo que cada colectivo decidió expresar. Por eso consideramos plenamente responsable el respeto por ello y no caemos en comparaciones de dicho calibre. Nos centramos en la valoración y potencialidad del colectivo que posee en demasía aportes a la comunidad circundante, con altura de mira.

Características territoriales de los colectivos

Las organizaciones que narraron sus objetivos, principios, situaciones y miradas de mundo, corresponden a diversas localidades de La Araucanía, es decir, Alapinta, proviene de la ciudad de Villrrica; los Agrupación de Familiares de Detenidos Desaparecidos y Ejecutados Políticos de La Araucanía, son de toda la región, pero su casa matriz está ubicada en Temuco; Huitral Mapu, son de Curacautín; Los Coigües y Oveja Verde de Victoria; Movimiento Cultural Población Paredes (ARPPA), de Temuco; agrupación musical Arauko Malleko Kautín (AMK), de Temuco; así como también Novena resistencia (9R). Radio Ercilla, naturalmente de la comuna de Ercilla; Red de Semillas Libres de Temuco y otras comunas del Wallmapu;

Rukarelmu, de Angol; Titerike de Temuco y, por último, Veintinueve de Marzo (29M) de Quepe, comuna de Freire.

Método

Nos basamos en la epistemología de la Investigación-Acción-Participativa (IAP). Fals Borda y Brandao (1991) explicitan con claridad sus objetivos que hicimos nuestros:

> En los comienzos nosotros no teníamos conciencia de su posible significación y de todas las implicaciones epistemológicas que contiene y simplemente la llamábamos 'intervención o inserción' en el proceso social. Nuestras bases fueron las técnicas antropológicas de la corriente académica clásica: las de observación participante. Pero aquí viene el problema, porque el concepto 'participante' según los antropólogos de esa escuela, mantenía igual la separación con sus desdobles, y la participación de este tipo era la propia de una persona que ve pero no se quiere 'ensuciar', no se quiere involucrar en los procesos que observa. Entonces, la observación participante como técnica, ya empieza a ser retada a través del concepto de participación, porque el de observación no ofrece problema. En efecto, no está en cuestión la necesidad de mantener una objetividad, una seriedad y una rigurosidad en la observación. Tampoco pretendía nadie buscar la 'participación' y meterse en la lucha a ciegas, sino por el contrario, mantener los ojos bien abiertos, y con cierta serenidad, esa

> serenidad que, dirían los clásicos, viene de la actitud científica. Es el concepto de participación el que ofrece el reto. Lo esencial aquí, el 'modo de ver' nuevo y en cierta medida ver de nuevo, no se puede entender sin entrar en el campo de las actitudes. Y esto de las actitudes ya empieza a inquietar a los científicos: 'eso no es muy serio; eso no es objetivo', dirían en virtud de aquella famosa tesis de la neutralidad valorativa. Sin embargo, los que entramos en esta línea, pensamos que aún aquellos que se inquietaban y arrugaban la cara, tampoco eran neutrales, ni siquiera con nosotros. Les contestamos, entonces, con el concepto de compromiso. El concepto de compromiso, dentro de las ciencias sociales, viene a demostrar que la ciencia no es un fetiche con articulación propia y autónoma del conocimiento, sino que es un producto cultural, que está sujeto a las actitudes, a las creencias, a las supersticiones inclusive, de los científicos, es decir, de aquellos que hacen ciencia. (Fals Borda y Brandao, 1991, pp. 15-16)

Los colectivos fueron desplegados en orden alfabético desde el comienzo del libro. Posteriormente a todos ellos se les solicitó participar en la edición final de sus presentaciones, es decir, son coeditores y protagonistas de esta investigación. Es importante añadir que todas las entrevistas fueron abiertas y transcritas para luego codificarlas como perfil de las organizaciones respetando seis preguntas claves, que responden al espíritu de cada una de ellas:

1) Nombre de la agrupación.

2) Objetivos.

3) Qué realizan.

4) Formas de trabajo, metodología, lógicas de trabajos y principios.

5) Antecedentes históricos, en la región y en el mundo.

6) Proyectos a futuro, impacto social o qué han logrado en la sociedad con sus actividades y sueños.

Las transcripciones respetaron el registro lingüístico de cada una de las agrupaciones, razón por la cual se leerán con un tenor coloquial o informal. En otros casos se leerán en un léxico formal, eso responderá a la elección de los colectivos entrevistados. Cada perfil está construido en función del lenguaje informativo, descriptivo y argumentativo. Se asemeja a una cartografía social de todos sus integrantes a partir de sus propias voces protagonistas.

El segundo instrumento metodológico empleado es el mapa semántico, grafo léxico, cadena semántica, constelación, red semántica u organizador que, según el autor Campos Arenas (2005), es una estrategia que representa gráficamente los espacios, la estructura o los conceptos y sus relaciones frente a la densidad de la información que entregan los alumnos o personas con las que se esté trabajando. En este caso las agrupaciones proporcionaron dichos conceptos o ideas y ellas mismas diseñaron sus propios mapas que se respetan literalmente en esta publicación para luego extraer categorías conceptuales hacia el análisis discursivo final.

Se afirma que el mapa semántico permite el incremento del procesamiento cognitivo y desarrolla la estructura cognitiva de la persona. También ayuda a comprender la estructura de un conocimiento en función de sus componentes y las relaciones existentes entre ellos.

Pearson y Johnson (1978) -citados por Campos- fueron los primeros en describir esta estrategia. El mapa semántico tiene componentes verbales y no verbales. Los conceptos se presentan en nódulos y las relaciones entre nódulos representan asociaciones entre conceptos mayores y menores (Campos, 2005, p.37).

Según el autor, los mapas semánticos poseen dos elementos y componentes principales para elaborarlos: las figuras geométricas y las líneas de interrelación. Mientras aquellas representas nódulos que contienen palabras, ideas o conceptos más destacados bajo la forma de figuras circulares, rectángulos, cuadrados o rombos; éstas, sirven para unir o relacionar nódulos mediante la representación de líneas sólidas o flechas (Campos, 2005, p.38).

Johnson, Pittelman y Heimlich (1986) siguen un orden establecido para la elaboración del mapa semántico. Esta secuencia comienza por la selección de la palabra central o tema que la persona registra, luego se solicita que identifique categorías o tópicos de los elementos asociados a la categoría. En tercer lugar, se le pide a la persona que verbalice las categorías, palabras y relaciones establecidas; y finalmente, se llega a un consenso de la representación final. Luego de este proceso, la persona o el grupo de personas que aportaron las ideas originales, revisan el mapa y lo pueden modificar con nueva información (textos o documentos nuevos) (Campos, 2005, p.38).

Según Sinatra, Stahl-Gemake y Morgan (1986) si bien no hay formatos exclusivos, el gráfico final es el resultado de representaciones lineales, jerárquicas y otras caprichosamente no previstas. Sin embargo, se identifican los tipos más comunes: de organización narrativa secuencial, temática o descriptiva, de comparación o contraste y de clasificación. Según Campos (2005), también están los mapas semánticos libres, cuyos conceptos se disponen desde un punto de partida central desde el que se desprenden las demás ideas unidas por conectores.

1. Agrupación Alapinta

> Lugar: Villarrica
> Año de fundación: 2004
> Objetivos: Rescatar el contenido regional; poner en alto nuestro territorio, el ecosistema o el entorno natural donde vivimos; darle valoración a lo que somos como identidad, como pueblo; fortalecer los lazos sociales; poner en alto el pueblo mapuche y, crear conceptos que aporten a una sociedad mejor.
> Palabras clave: Crítica social; identidad; historia; memoria; grupos sociales; sueños; avance; esperanza; entorno; tendencias; gustos; actualidad; proyección; futuro; educación; colegios; naturaleza; ecología; medio ambiente; murales participativos; libre expresión; murales; grafiti; Street art; diversidad de contenidos; humor.

El Colectivo Alapinta se inició en el año 2004 en la región de La Araucanía, en un encuentro de grafiti y hip hop. Buscaban expresarse a través de la pintura, aprendiendo y compartiendo. Uno de los primeros murales fue en la estación de trenes. Han ido cambiando, antiguamente llegaban, salían y pintaban nomás, sin problema. También iban a pintar otros sectores abandonados y céntricos. Ahora es más propio del trabajo que solicitan personas de otros sitios. También salen a pintar por su propia cuenta. A menudo surgen alternativas para hacer murales nuevos.

> Queremos seguir pintando a full en todos lados, ir mezclando e ir tomando espacios dentro de la ciudad. Sacar a la gente de la so-

ledad, del individualismo, del materialismo. Por naturaleza tendemos a esa tendencia, entonces la idea es fortalecernos y ayudar a rejuvenecer a la sociedad en contra de los vicios que tenemos a través de murales, generar un apoyo para ser una sociedad más feliz, más consciente, más amable y más alegre [Entrevista Alapinta, 2017].

Si bien se han considerado grafiteros y muralistas, se reconocen como una mezcla de ambas. Poco a poco, la tarea se asocia al mundo social, a quienes le tienen "amor a la pintura" y también a un tipo de lenguaje social, hecho con libertad.

La agrupación se sustenta con autogestión y fondos concursables o también por vías particulares (los que pintan su casa, local o negocio); en este caso, se mezclan los criterios. El proceso es el vínculo con la comunidad, primero mediante un esbozo y luego se realiza el trabajo completo.

Alapinta ha pintado en todas las comunas de la región, pero también a lo largo de Chile en Tocopilla y Tierra del Fuego. También ha tenido la oportunidad de participar en encuentros realizados en Bolivia, Argentina, México y Canadá.

Algunos de los principales objetivos es rescatar el contenido regional, poner en alto el territorio, el ecosistema o el entorno natural donde viven, darle valoración a lo que son como identidad, como pueblo, fortalecer los lazos sociales, poner en alto el pueblo mapuche y crear conceptos que aporten a una sociedad mejor.

Respecto al proceso, han influido el muralismo antiguo, el arte mexicano y reconocer la influencia de la pintura en lugares públicos. Consideran que los conceptos corresponden a ese espacio. El mural latinoamericano tiene color, "onda y picardía", se acerca más a las personas e intenta profundizar conceptualmente. Recientemente en el 2016 realizaron un viaje a Canadá. La idea fue rescatar a los pueblos originarios. Estando allá conocieron parte de su historia, de los Mohawk, nativos de Canadá y EEUU; escucharon sus enseñanzas, sus lenguas y la evolución que han tenido, cómo se han abierto espacios en medio de una sociedad globalizada en la que pierden parte de su esencia. La percepción de Alapinta es que es un país con gran desarrollo tecnológico y económico, en el que coexisten el colonialismo y sus luchas de poder a nivel macro y micro. La experiencia ha sido por demás, enriquecedora.

En La Araucanía, Alapinta convive con las comunidades mapuche, juntas de vecinos y poblaciones que constantemente encuentran experiencias interesantes. Mucha gente se motiva, les gusta las actividades sociales y comunitarias. En Lautaro han pintado mucho, también en Villarrica y Carahue y esos procesos se han ido conociendo historias de gran contenido. En Santa Rosa pintaron y también en Pedro de Valdivia.

En cuanto a las formas de trabajo son variadas. Cada uno aporta sus ideas y se conforman conceptos en pizarras colectivas. Niños, jóvenes y adultos conjugan historias, experiencias y plasman en las paredes ideas sobre su identidad, sus sueños e inquietudes más profundas en lugares públicos.

Lo profuso de sus ideas se logra sintetizar en el mural para que todos y todas se sientan reflejados/as. Finalmente logran plasmar su sello. Como producto final, los detalles conforman una obra participativa, hecha con criterio.

2. Agrupación de Familiares de Detenidos Desaparecidos y Ejecutados Políticos de la Araucanía

> Lugar: Temuco
> Año de fundación: 1989
> Objetivos: "Nacen después del Golpe de Estado el 11 de septiembre de 1973, a raíz de las detenciones masivas. La primera Comisión (Rettigg), ratificó a 3.000 personas aproximadamente. Por su parte, la Corporación de Verdad y Reconciliación, consignó una cifra menor a mil de los detenidos desaparecidos y ejecutados políticos. Estas fueron las primeras cifras que reconoció el Estado de Chile como tal. Estas dos son respuestas desde la institucionalidad, desde el Estado de Chile, a raíz de las demandas de los familiares, para que el Estado reconozca esa condición de violación a los derechos humanos, donde existen personas asesinadas, por un lado y, otras, personas desaparecidas."
> Palabras clave: Golpe de Estado; enemigo interno; violaciones DDHH; secuestro; tortura; asesinato; desaparición forzada; búsqueda; verdad; justicia; no a la impunidad; memoria; reparación.

La agrupación de familiares de detenidos desaparecidos y ejecutados políticos de La Araucanía, perteneciente a la ciudad de Temuco especialmente, mantiene un vínculo de unión con la misma agrupación que funciona en Santiago de Chile. Cabe aclarar que la diferencia radica en que los detenidos desaparecidos son las personas cuyos restos nunca han sido encontrados. Sin embargo, las personas ejecutadas políticas son las personas que fueron asesinadas, torturadas, pero sus cuerpos fueron encontrados en algún lugar. Los objetivos de esta Agrupación nacen después del Golpe de Estado, el 11 de septiembre de 1973, a raíz de las detenciones masivas.

> En Chile se instala la dictadura del 73 y después de eso viene la creación del enemigo interno, donde se persigue a todos quienes eran partidarios de los procesos de cambio, que de alguna manera se cristalizaron en el gobierno de la unidad popular, desde la década de los años 20 al 30, en el salitre y, en los movimientos sociales y populares de los años 40 y 50, donde existían mutuales [Entrevista a la agrupación Familiares de Detenidos Desaparecidos y Ejecutados Políticos de la Araucanía, 2017].

El informe Rettig ratificó a 3.000 personas aproximadamente. Por su parte, la Corporación de Verdad y Reconciliación, -creada por Patricio Aylwin el 25 de abril de 1990- consignó una cifra menor a 1000 de los detenidos desaparecidos y ejecutados políticos. Estas fueron las primeras cifras que reconoció el Estado de Chile como tal. Estas dos son respuestas desde la institucionalidad, desde el Estado de Chile, a raíz de las demandas de los familiares, para que el Estado reconozca esa condición de violación a los derechos humanos, donde existen personas asesinadas, por un lado y, otras, personas desaparecidas.

Esta condición de enemigos internos fue comprobada por el Senado de EEUU y la ITT. El enemigo interno es un concepto creado en Panamá, donde se iban a instruir todos los militares de Latinoamérica en la famosa "Escuela de las Américas". Hace unos 20 años se trasladó a EEUU, para instruir en "inteligencia" contra todo movimiento social insurrecto de izquierda.

Si bien el golpe de estado es planificado desde el imperio, la policía de Chile es cómplice así como la burguesía nacional que asimilaron el discurso de la derecha y adherían a los paros.

La Agrupación de familiares eran mujeres que recorrían las cárceles, las morgues, los hospitales, los regimientos, todos los lugares donde podían encontrar a sus familiares, al alero de distintas iglesias que eran lugares de acogida. Se conformó un comité llamado Pro Paz, entre diversas iglesias, no sólo la católica. Algunas presentaron acciones legales sin resultados. Después Pinochet decide que el Comité Pro Paz debe terminar. Se disuelve y el Cardenal Silva Henríquez conforma la Vicaría de la Solidaridad, dependiente de la iglesia Católica y ubicada al lado de la Catedral, en Santiago.

Luego de la denuncia se inicia la búsqueda en varios lugares. Hasta el día de hoy, los familiares no le ponen llave a la puerta porque dicen que algún día van a volver. Todavía se hacen exhumaciones. Actualmente el ADN es el método científico más avanzado. El examen de ADN mitocondrial arroja un 99,8% de certeza, primero sobre la identidad y se contrasta con el ADN de un familiar de él o ella, posteriormente se conoce el resultado. El proceso completo se realiza en Chile y en Europa. Ambos se contrastan y se busca la equivalencia con algún familiar.

En la región de La Araucanía se han establecido fundamentalmente memoriales. Trabajos de los familiares, por ejemplo en Temuco, el Memorial de avenida Balmaceda. Existen memoriales en Villarrica, en Melipeuco y en Cunco. En el caso del hospital regional Hernán Henríquez hay un pequeño memorial de los trabajadores de la salud, así como también en las universidades más tradicionales de Temuco destinados a estudiantes y profesores.

> Son trabajos largos, por ejemplo el proyecto de Isla Cautín debemos llevar unos 12 años. Reparación tiene que ver con lo anterior y no es un favor el que nos hacen. Es un concepto dinámico. El informe Retigg es parte de la reparación. Porque ahí reconoce que el

Estado violó los DDHH. Lo asume como verdad oficial. Debiese ser parte de una política permanente desde el Estado a través de sus diferentes órganos. A la autoridad, al Ministro, al Seremi, al Intendente o al Alcalde, al Concejal. Así logramos cosas nosotros. [Entrevista a la agrupación Familiares de Detenidos Desaparecidos y Ejecutados Políticos de la Araucanía, 2017].

3. Agrupación Huitral Mapu

> Lugar: Curacautín
> Año de fundación: 1999
> Objetivos: Ver, captar, compartir el quehacer artístico en la región y el tema medioambiental. Considera la cultura como un todo.
> Palabras clave: Cultura; arte; medioambiente; patrimonio; gestión; educación; programas; visibilización; validación; conciencia.

La agrupación cultural Huitral Mapu se funda en la ciudad de Curacautín en 1999, como un pequeño taller literario. Huitral Mapu significa: "Telar de La Tierra", nombre que busca representar la diversidad de ideas de sus integrantes y se concibe a partir de diferentes colores y texturas la mezcla de su propia raíz comunitaria. A partir de allí surgen empeños cotidianos del colectivo cuyos propósitos iniciales fueron recoger y visualizar las inquietudes culturales de las personas de la comuna, además de captar a personas que desarrollaban diferentes actividades artísticas.

"Consideramos que en la cultura está todo, la cultura abarca todos los ámbitos, no tan sólo la parte artística sino también la parte medioambiental y social" [Entrevista Agrupación Huitral Mapu, 2017].

Sus principales objetivos son: descubrir y difundir las diversas expresiones artísticas de la comuna de Curacautín. Además de la preocupación por lo artístico, Huitral Mapu ha desarrollado un fuerte trabajo de protección medioambiental que incluye la defensa de los ríos y del territorio.

Con el propósito de aglutinar a los artistas locales y lograr la visibilización de diferentes disciplinas artísticas surge el Encuentro de las Artes, que consistía en el desarrollo de muestras artísticas en diferentes espacios de la comuna, actividad que permaneció durante diez años en la comuna y la última vez que se realizó fue en el 2010 durante el mes de febrero. Luego del terremoto del 27 de febrero la actividad cesó debido al daño de los espacios utilizados para el encuentro, a esto se suman los desplazamientos de los jóvenes de la comuna.

> Lo principal de todo esto era descubrir a los artistas que teníamos en Curacautín, porque antes para ser considerado artístico tenía que venir de afuera. A la gente de Curacautín no se le consideraba. El Encuentro de las Artes era eso, la posibilidad de que los curacautinenses supieran que entre ellos había muchos artistas y artesanos [Entrevista Agrupación Huitral Mapu, 2017].

Huitral Mapu contribuyó durante un largo periodo al desarrollo artístico cultural comunal, incluso potenciando colectivos de artesanos/as, como Ruca – Elugen y Mujeres con Maleta. El trabajo de la agrupación fue un aporte para el cuidado y protección de la infancia. De hecho, la casa de Huitral Mapu ubicada frente a la ex Gobernación, constituía una especie de refugio para los jóvenes, en cuyo lugar se potenciaron las capacidades de los niños y jóvenes de la comuna, de manera que ellos desarrollaban confianza en sus capacidades y se daban cuenta de que eran buenos en lo que hacían.

Con relación al trabajo de gestión cultural destaca el trabajo colaborativo con otras agrupaciones de *Curacautín, Malalcahuello* así como también el trabajo con el municipio, donde a pesar de las diferencias políticas ha permanecido en el tiempo. Entre otras gestiones destacan la obtención de Fondos Concursables como Fondart y FNDR, además de otras actividades como "Nuestra plaza un lugar para aprender, divertirnos y compartir". También se ha trabajado sobre la memoria de Curacautín, se rescataron tragos típicos como ronda puelche y se creó una revista sobre el acontecer de la ciudad llamada Poto Negro, que fue censurada por autoridades.

El espacio para este colectivo posee una importancia simbólica, porque implica el posicionarse, visualizarse y ser parte de un territorio mayor. El espacio también es el lugar de acción, creación y reunión e implica tener un lugar en el mundo. En efecto, la memoria sobre la sede de la agrupación muestra algo que trasciende: "A nosotros nos servía la sala, era angostita y larga, un estilo un poco egipcio. Teníamos grafitis en las paredes pero con lápiz grafito, donde los jóvenes que no encontraban un lugar en sus casas escribían sus pensamientos. La pena es que estaba la mitad de la vida allí adentro" (Entrevista Agrupación Huitral Mapu, 2017).

4. *Agrupación Los Coigües*

> Lugar: Victoria
> Año de fundación: 2010
> Objetivos: Agrupación sin fines de lucro que pretende llevar el arte y la cultura a los barrios más vulnerables y replicar lo aprendido gracias a la intervención del programa Creando Chile en Mi Barrio.
> Palabras clave: Replica / trabajo en conjunto / talleres / alegría / viajes culturales / unión.

La agrupación Los Coigües es una agrupación joven que se inició en el año 2010. Fueron intervenidos por el grupo de arte y cultura, del programa Creando Chile Mi Barrio, en el año 2008, y así se reunieron con los vecinos y les enseñaron a ser monitores.

En el 2010 quedaron solos y empezaron a postular a un Fondart, replicando todo lo aprendido y no solamente lo realizado en su propia población, porque para ellos lo importante es el arte y la cultura. Fue así que trabajaron a todo nivel con el objetivo de llegar a todas partes.

"Nos enseñaron telar mapuche y confecciones de velas, de mosaicos, también murales, la primera intervención que hicimos fue en Victoria, resultó muy bonito todo". [Entrevista a Agrupación Los Coigües, 2017].

Iniciaron el trabajo en Victoria con diseños para pasacalles, en papel de diario, de gran tamaño y luego pensaron en iniciarse con la creación de marionetas. Fue la forma en cómo podrían encantar a la población. Luego crearon una batucada, recolectando diferentes instrumentos. El lugar de los ensayos era las instalaciones de la agrupación Oveja Verde.

También han realizado viajes replicando los talleres, porque forma parte de la formación. Han realizado murales de cerámica también en Victoria, en una de las poblaciones, con el objetivo de seguir replicando las experiencias. La agrupación, durante el año 2017 estuvo conformada por 21 integrantes aproximadamente que trabajaron intensamente de manera voluntaria. También han recibido dinero para la financiación de sus actividades. La agrupación fue reconocida como colectivo por la comunidad y su entorno. "Afortunadamente durante el 2016 se consiguió un profesor y logramos hacer presentaciones en las calles de Victoria. La idea central de nuestra agrupación era seguir enseñando a otras personas lo que habíamos aprendido, o sea, replicar todo lo que podíamos, en esa parada estábamos" [Entrevista a Agrupación Los Coigües, 2017].

5. Agrupación Musical Arauco Malleco Kautín-AMK

> Lugar: Temuco
> Año de fundación: 2002
> Objetivos: Apoyo a la organización de los derechos de los trabajadores del arte en espacio público. Apoyo a las redes de las comunidades, en defensa de sus derechos territoriales y culturales.
> Palabras clave: Auto educarse; trawun (reunión); investigar; tolerancia; solidaridad; desde abajo hacia arriba y desde arriba hacia abajo; creatividad.

La agrupación musical Arauko Malleko Kautín nace en el año 2012, posterior a la constitución del sindicato de los músicos interurbanos. Tenía como referencia y experiencia al sindicato de artistas de Santiago, llamado SICUCH. En La Araucanía esta organización persiguió como objetivos el logro de que el Estado de Chile reconociera la existencia del trabajo de los músicos independientes, ya que muchos artistas usaban como plataforma el espacio público y no podían trabajar sobre la locomoción colectiva o en las principales calles de la ciudad, ya que eran fiscalizados por carabineros o de los inspectores municipales, atentando al derecho de vivir con su oficio como músicos independientes.

> "En la capital nacional se logró, con la Ley del Transantiago, la garantía de trabajo para los artistas, entre ellos actores y payasos, quienes se articularon mediante este instrumento, hecho que en las regiones no se estaba dando" [Entrevista a la agrupación Musical Arauco, Malleco, Kautín-AMK, 2017].

El conflicto estriba en que mediante esta actividad se sustenta a un gran grupo de músicos, razón por lo cual se constituyeron como sindicato independiente en Santiago y establecieron logros sobre derechos esenciales de salud o vivienda y un lugar para trabajar. Esta primera etapa de la organización sirvió para conseguir congeniar entre músicos los puntos en común.

Las garantías que se buscaban mediante este sindicato eran trabajar en la calle mediante un permiso, pagando por el mismo, incluso con un mapa de lugares autorizados por la institución municipal, además pensaron en conversar con el gremio de transportistas, para realizar conversaciones bilaterales entre el gremio y el sindicato.

El sindicato logró reunir a 40 músicos; avanzaron con este trabajo, con las instituciones y agentes de los departamentos de cultura. Sin embargo, la constitución del sindicato en su proceso fue abriéndose a discusiones políticas, ya que buscó velar por sus trabajadores y avanzar en temas demandantes, esto fue creando diferencias entre sus actores.

En el año 2005, se creó una discrepancia entre aquellos que avanzaban en una línea más política de visibilidad de lo sucedido y otra que tenía una perspectiva más economicista de la organización, fracturando la mirada gremial, de lo que resultaron en consecuencia dos grupos, unos que tenían una mirada cortoplacista, en tensión con el otro que tenía una perspectiva política, a largo plazo. Se reconoce así el primer quiebre, ya que la idea inicial no siguió siendo atractiva, sin trabajo concreto, logrando bajar el número de concurrentes a las reuniones. El segundo año no se renovó el instrumento jurídico.

La agrupación musical AMK está conformada por tres músicos que persiguieron una idea política, definiendo un programa de largo plazo, en transición dentro del marco legal, cultural y político, cumpliéndose más de cuatro años desde sus inicios. El nombre se escogió tras una idea georreferencial, lugares donde se hostiga a las comunidades mapuche. En una primera instancia, nació de manera espontánea, coincidiendo con el nombre de la Coordinadora Arauko Malleko, a lo que los músicos decían que era tan sólo una coincidencia.

La puesta en escena de los músicos que quedaron en el sindicato, desde un principio, fue en peñas, pero luego escogieron escenarios donde se fortalecía el discurso, ya que se asumen como portadores de una música de la guerra del combate o *Ulkantun Weichan*. También han asistido a Santiago, en el marco de los 40 años del golpe de Estado en Chile y en Argentina; en la conmemoración del asesinato del *weichafe* Alex Lemún y en otros festivales populares territoriales como el Día del Joven Combatiente, realizado cada año el día 29 de marzo. También en apoyo a la familia Catrileo, apoyando a las comunidades de Traiguén, lideradas en su proceso por el *lonco* Juan Pichún, reconocida como la primera comunidad en defensa de los territorios.

La agrupación musical recibe influencias del rock y el folklore. Su proceso de creación apela a la tolerancia de las diversas ideas musicales, en un ejercicio individual y colectivo, sobre ideas fuerzas que emergen en la contingencia, entre ellos el control territorial, la prisión política y las consecuencias sufridas por niños en comunidades, afectados por agentes del estado, mediante allanamientos del GOPE, ERTA y PDI. El espíritu es la autonomía y la espiritualidad en el territorio, para retornar a las antiguas prácticas culturales.

6. *Agrupación Novena Resistencia-9R[5]*

> Lugar: Temuco
> Año de fundación: 2010
> Objetivos: Levantar expresiones y experiencias de organizaciones populares, bajo contexto cultural, políticas y autónomas; rescatar antecedentes del territorio y la cultura de la sangre mapuche y popular en contextos poblaciones. Organización popular de nivel de base o bajo pueblo.
> Palabras clave: Territorio; identidad; libre determinación (autonomía); derecho; conculcación; autogestión; rescate; educación; doctrina negación; pobreza; organización.

En el contexto de creación de la agrupación, año 2012, diversas organizaciones y expresiones populares de Temuco se convocan para organizarse políticamente con el fin de rescatar la organización popular con identidad territorial, el pueblo mapuche y su reivindicación por la recuperación de su territorio.

Su forma de organización es la autogestión, mediante la venta de rifas, bingos, peñas, para reunir recursos, encuentros de hip hop y otras actividades informativas del acontecer nacional, propias de la agrupación en Temuco.

> La clase política de este país con el llamado control de identidad y control preventivo como la ley represiva que se implementó, afecta a la juventud popular y a la disidencia política que impone el Estado nacional chileno en conjunto con toda la fuer-

---

[5] Esta agrupación se disolvió a partir del año 2019.

za política que hoy día se llama *'el mal gobierno de la nueva pillería y también de la derecha económica de este país'* [Entrevista a la agrupación Novena Resistencia, 2017].

Los temas que relevan en la agrupación se relacionan con la marginalidad y la injusticia social en que se encuentra gran parte del pueblo chileno y mestizo. Por eso llaman a la organización y a la conciencia de movilizarse, a auto-educarse para plantear un proceso ascendente de movilización social.

> Nos nutrimos de un gran número de militantes, pero en un grado organizacional popular a nivel de base, como lo llamamos nosotros: "el bajo pueblo". En el tema de organización tratamos de rescatar elementos propios de acá, del territorio, es decir, hacemos un llamado a organizarnos de manera autónoma, autogestionada, libertaria y popular. Nuestro trabajo radica en el rescate de la identidad poblacional, en ir creando actividades en los diferentes territorios poblacionales, con diversos tipos de encuentros como el Encuentro de Hip Hop por la hermandad de las poblas [Entrevista a la agrupación Novena Resistencia, 2017].

En el contexto de reformulamiento de las organizaciones, consideran que debe hacerse un llamado a ser revolucionario. Este trabajo se implementa a través de sus actores sociales de forma autónoma en el territorio propio. La estrategia consiste en el trabajo con jóvenes; talleres de teatro, malabarismo, danza, hip hop, poesía y también el rescate de los grandes espacios que se han ido perdiendo en la gran urbe, los espacios comunitarios en donde actualmente hay basurales o micro basurales, o en las esquinas donde también existen espacios que han sido ocupados, afectados por la contaminación.

"Invitamos a la limpieza para ocuparlos en su conjunto, pero no de forma oficial, sino popular, es decir, tomar control sobre esos espacios bajo un concepto de autodeterminación" [Entrevista a la agrupación Novena Resistencia, 2017]. Los memoriales son una de las herramientas de trabajo. Para la agrupación es importante rescatar la memoria histórica. Tal es el caso del memorial de Pablo Vergara Toledo y Aracely Romo, en Temuco. Se sabe que en ese lugar dos jóvenes fueron amordazados por agentes del Estado en un poste de alumbrado público, en el cerro Mariposa, ubicado frente a la terminal de buses Rodoviario de Temuco.

Además se organizó un foro en una universidad de Temuco para informar sobre los derechos. Participaron: un abogado de la Defensoría popular, y dirigentes del sector laboral. Se realizó un foro sobre la prisión política donde diversos luchadores sociales mapuche y no mapuche, se encontraron, a nivel nacional, regional e internacional. Se trató el caso de Mauricio Hernández Norambuena, conocido como "el comandante Ramiro", preso en Brasil y también la situación de la prisión política de jóvenes encarcelados en la cárcel de alta seguridad en Santiago (Cas), o la prisión política mapuche que afecta a gran parte de luchadores jóvenes mapuche por la recuperación de su territorio, el derecho a la libre determinación y la recuperación de recursos naturales (suelo y subsuelo), expropiados por las grandes trasnacionales.

"No es necesario hablar del discurso porque está instalado hace mucho tiempo y es uno solo: luchar, organizar al pueblo y recuperar todos los derechos conculcados por los diferentes gobiernos de turno contra la población chilena y el movimiento mapuche" [Entrevista a la agrupación Novena Resistencia, 2017].

7. Agrupación Oveja Verde

> Lugar: Victoria
> Año de fundación: 2013
> Objetivos: Agrupación sociocultural destinada al reciclaje participativo, el cuidado del medio ambiente y la promoción cultural en comunidades a través de actividades de casa abierta y formación continua. Abarca todas las edades.
> Palabras clave: reciclar/reciclando el viejo pensamiento y circuito participativo; intercambio cultural; casa abierta; reutilizar; reducir; educación comunitaria; cuidado del medio ambiente; proyección; autosustentabilidad; rescatar valores; voluntarios del mundo; diversidad y tolerancia, talleres comunitarios, organizaciones; niños y jóvenes.

La agrupación Oveja Verde busca vivir una vida auto sustentable con la proyección de un acto de revolución, así de radical, "no pagar luz, no pagar agua", explica la agrupación como algo reivindicativo, por eso lo auto sustentable. El caso de Michael Reynolds, dentro de la ciudad, era la casa *earthship*, el circuito de reciclaje participativo y los talleres para la comunidad y la educación comunitaria.

> Trabajamos desde la cultura del reciclaje, reciclando el viejo pensamiento, claro, porque reciclar es un concepto amplio, puedes reciclar tu mentalidad antigua, y es la idea que más nos representa porque significa acción. Es una casa abierta, diversa, porque acá no

> hay color político, no hay pensamiento estructurado, así como que todos tienen que seguir en lo mismo, no, acá todos buscan lo mismo, la diversidad, el intercambio cultural, la tolerancia y proteger el medio ambiente, entre niños, jóvenes, adultos, gestionando recursos y reuniéndonos con otras organizaciones [Entrevista a la agrupación Oveja Verde, 2017].

Reciclando el viejo pensamiento, significa reciclar el sentido, de proponerse no botar tanta basura y reutilizarla. Oveja Verde propone la oposición a la cultura del desecho recuperando el viejo pensamiento, aquel que cuando algo se echaba a perder, se reparaba, no se desechaba. Tradicionalmente la cultura poseía valores, como la amistad y la vida. Estas son las ideas que la agrupación desea rescatar.

Los tres pilares de Oveja Verde son: el circuito de reciclaje participativo, la casa abierta, educación comunitaria y la casa *earthship*.

Oveja verde es una casa abierta, en el fondo es un ejemplo vivo de cómo reciclar, reutilizar y reducir. Poseen una actitud de apertura a otras organizaciones, con distintas actividades. Recibir, por ejemplo, a los mismos músicos en su casa que pertenecen a otras organizaciones donde realizan talleres comunitarios.

> También realizamos un intercambio cultural, nos referimos a los voluntarios del mundo. Recibimos gente viajera que viene a participar y ayudarnos en los proyectos, si traen algún conocimiento, se hace un taller para la comunidad y si ellos quieren aprender algo de nosotros, les enseñamos. Mediante el *couchsurfing*, el sistema se llama *woofings* y el otro *workaway* el que es un sistema en el que tú vas viajando mediante un

perfil. Nosotros estando en Victoria entonces nos escribes y alguien en la Oveja te puede recibir. Así ha llegado gente de todos lados que tienen el mismo plan. Así llegan viajeros, mochileros, esto es así, es un centro comunitario [Entrevista a la agrupación Oveja Verde, 2017].

También varios de los viajeros que han pasado de manera espontánea por Victoria se alojaron en la casa de Oveja Verde y no necesariamente se han quedado, sino que pasan por el día para conocer las actividades y compartir. Algunos se quedan una semana, o de repente más y son tan significativas las pasadas que hacen ellos, así como también las otras personas que alojan porque llegan con la información que figura en la página web.

Claro, ahí hay que tener ojo igual, porque a veces llegan viajeros que lo único que quieren es pasarlo bien, entonces ahí uno tiene que mediar, o viene a alojar no más, entonces ahí uno tiene que medir los límites, también y pedir en el fondo: - oye, son tres horas de voluntario, o cómo te sientes; hay varios viajeros que llegan también con algunos daños, trasquilados por la vida, no sé cómo decirlo. Este espacio se da para conversar ese tipo de situaciones, de hecho para todos ha sido una terapia [Entrevista a la agrupación Oveja Verde, 2017].

8. Agrupación Rukarelmu

> Lugar: Nahuelbuta, Angol
> Año de fundación: 2011
> Objetivos: "la conservación y preservación del bosque nativo, de allí su definición de agrupación ecológica"
> Palabras clave: Ecología/ecoalfabetización; cultura comunitaria local; educación para la paz; agua; soberanía alimentaria; derechos humanos; biodiversidad; desarrollo personal; popular.

La agrupación *ecológica, educativa y cultural Rukarelmu* nace como organización funcional en febrero de 2011, en la Cordillera de Nahuelbuta. Fundada por habitantes rurales, su origen está íntimamente relacionado con la conservación y preservación del bosque nativo, de allí su definición de agrupación ecológica. Se sostiene que la educación, entendida como proceso continuo del desarrollo integral del ser humano, es la vía para alcanzar la dimensión ecológica esperada, por eso es educativa; pero al mismo tiempo es cultural, porque toda acción que se plasma en un territorio constituye cultura. En estos pilares se basa el actuar y activismo.

> Creemos necesario proteger el bosque nativo y el agua pensando en las futuras generaciones. Vemos el agua no como un recurso sino como un elemento vital y un derecho humano. Los fundadores de esta agrupación llegan hasta acá con esa idea. El bosque nativo de Nahuelbuta está fragmentado en pequeñas islas, en medio de las plantaciones forestales [Entrevista a la agrupación Rukarelmu, 2017].

8. Agrupación Rukarelmu

> Lugar: Nahuelbuta, Angol
> Año de fundación: 2011
> Objetivos: "la conservación y preservación del bosque nativo, de allí su definición de agrupación ecológica"
> Palabras clave: Ecología/ecoalfabetización; cultura comunitaria local; educación para la paz; agua; soberanía alimentaria; derechos humanos; biodiversidad; desarrollo personal; popular.

La agrupación *ecológica, educativa y cultural Rukarelmu* nace como organización funcional en febrero de 2011, en la Cordillera de Nahuelbuta. Fundada por habitantes rurales, su origen está íntimamente relacionado con la conservación y preservación del bosque nativo, de allí su definición de agrupación ecológica. Se sostiene que la educación, entendida como proceso continuo del desarrollo integral del ser humano, es la vía para alcanzar la dimensión ecológica esperada, por eso es educativa; pero al mismo tiempo es cultural, porque toda acción que se plasma en un territorio constituye cultura. En estos pilares se basa el actuar y activismo.

> Creemos necesario proteger el bosque nativo y el agua pensando en las futuras generaciones. Vemos el agua no como un recurso sino como un elemento vital y un derecho humano. Los fundadores de esta agrupación llegan hasta acá con esa idea. El bosque nativo de Nahuelbuta está fragmentado en pequeñas islas, en medio de las plantaciones forestales [Entrevista a la agrupación Rukarelmu, 2017].

perfil. Nosotros estando en Victoria entonces nos escribes y alguien en la Oveja te puede recibir. Así ha llegado gente de todos lados que tienen el mismo plan. Así llegan viajeros, mochileros, esto es así, es un centro comunitario [Entrevista a la agrupación Oveja Verde, 2017].

También varios de los viajeros que han pasado de manera espontánea por Victoria se alojaron en la casa de Oveja Verde y no necesariamente se han quedado, sino que pasan por el día para conocer las actividades y compartir. Algunos se quedan una semana, o de repente más y son tan significativas las pasadas que hacen ellos, así como también las otras personas que alojan porque llegan con la información que figura en la página web.

Claro, ahí hay que tener ojo igual, porque a veces llegan viajeros que lo único que quieren es pasarlo bien, entonces ahí uno tiene que mediar, o viene a alojar no más, entonces ahí uno tiene que medir los límites, también y pedir en el fondo: - oye, son tres horas de voluntario, o cómo te sientes; hay varios viajeros que llegan también con algunos daños, trasquilados por la vida, no sé cómo decirlo. Este espacio se da para conversar ese tipo de situaciones, de hecho para todos ha sido una terapia [Entrevista a la agrupación Oveja Verde, 2017].

En la etapa fundacional, la Agrupación se constituye desde y para la cordillera, pero el 2013 el grupo inicial se dispersó geográficamente, debilitando el pulso inicial. No obstante, el año 2014, tras la adjudicación de un Fondo de Protección Ambiental, se vivió un nuevo impulso que permitió dar a conocer las iniciativas en la ciudad de Angol y atraer el interés de personas afines. Así comienza una segunda etapa rural/urbana al incorporarse socios y socias, habitantes de la ciudad de Angol. Durante el ciclo 2014-2016 se realizaron importantes actividades que fueron generando cada vez más participación social.

Se comenzó a usar los espacios públicos y a rotar encuentros en las diversas casas. Esto permitió horizontalizar la dinámica organizacional, dar a conocer y hacer consciente el quehacer comunitario. Es una organización funcional con personalidad jurídica vigente, integrada por presidenta, secretario, tesorera y tres directores/as que conforman el núcleo de la agrupación.

Rukarelmu surge con la idea de generar acciones en pos de proteger la cordillera de Nahuelbuta y a medida que se han incorporado nuevos socios y socias se incluyen nuevos intereses afines y nuevas formas de actuar.

Los principios de la agrupación o pensamientos semilla, son los siguientes:

1°. Piensa global, actúa local: pensar un cambio global desde un actuar a nivel local. Actuar a nivel individual en el núcleo familiar hacia el cambio global.
2°. Cultura de paz: la paz es un valor planetario que es la base de la sustentabilidad y no puede ocurrir sin justicia social. Nos estamos acercando al lema de roerich: "donde hay paz, hay cultura. donde hay cultura, hay paz".
3°. Educación es libertad: informarse, conocer, saber y experimentar son fundamentos de la acción.

4°. Empoderamiento personal: "el que lo dice, lo hace", es nuestra forma de horizontalizar la organización.
5°. Ecología y sustentabilidad: somos parte de la naturaleza e interdependemos. Pretendemos que nuestras acciones consideren los derechos de las futuras generaciones.
6°. Arte para sanar: las expresiones y manifestaciones artísticas son un medio de autoconocimiento y sanación personal y colectiva.

Cuando se asume el desafío de hacer alguna actividad se aplica el dicho "quien lo dice, lo hace". Quien propone una acción debe asumir el liderazgo de ésta, generando así un empoderamiento de todos y todas. De esta manera, se planifica una actividad, se distribuyen los roles, se realiza la actividad y se evalúa. La idea es ir mejorando las actividades para la próxima vez.

En síntesis, se cree que el agua, la tierra, las semillas y la naturaleza no son recursos, sino que son elementos de un todo del cual se es parte. No pertenecen a los seres humanos, sino que todos son parte de la Vida. Estos principios exigen un cuestionamiento y por eso existe la conversación. Se centran en conversar y a veces no hay consenso, sino disenso. Si no hay acuerdo total no se avanza. Entonces se puede ir solo, pero no como agrupación. Es importante resguardar a la organización porque la gente es crítica y activa, por lo tanto, es necesario filtrar lo que se quiere hacer. Han ido aprendiendo. Las experiencias personales van enriqueciendo a la organización. Se renovó la directiva y se continúan impulsando diversas actividades que nutren al territorio/comunidad.

9. Movimiento Cultural Población Paredes - ARPPA

> Lugar: Población Santa Rosa, Temuco
> Año de fundación: 1996
> Objetivo: desarrollar un pensamiento crítico en torno a las artes y la cultura.
> Palabras clave: Movimiento kultural; no rígido y estático/Identidad local/ Komunidad; instituciones varias; catastro de recursos humanos; memoria colectiva (antropología, sociología, etcétera)/ Territorio; desigualdades sociales; desigualdades económicas.

El Movimiento Cultural ARPPA. Organización de base social, cultural y comunitaria de la Población Paredes, "Nuestra Comunidad", integrada al Macro Sector Santa Rosa, Abajo e' la Línea, "Nuestro Territorio". Para ellos, "vivir abajo e' la línea" es vivir en permanente acción, es estar rodeado de historia y de una identidad que muchas veces se esconde en la rutina del sobrevivir.

> Nuestras calles están abiertas, como nuestros corazones, como queremos que se abra el futuro: más solidario, más amable, más nuestro. En esas esquinas de la Paredes... Entre jóvenes inquietos, críticos y conscientes de sus problemáticas individuales, familiares y sociales. Se empezaban a generar nuevas ideas de organización, de cambiar la realidad social y cultural, la vida impuesta desde la dictadura [Entrevista al Movimiento Cultural ARPPA, 2017].

El Movimiento Cultural ARPPA nace pintando murales y haciendo música, trabajando con los niños, desarrollando pequeños sueños que cada año se fueron haciendo más grandes. Tenían y tienen la convicción segura de estar haciendo algo importante. Después de avanzado el año 1996, se van juntando en las esquinas de la Población Paredes, este era el punto de reunión obligado de niños, jóvenes del barrio, de los vecinos. El lugar de encuentros y desencuentros. Icono de identidad, de pertenencia y control popular. En 1997 tras un concurso de la revista el Quiosco de la Esquina, fueron invitados a participar de la Fiesta de la Primavera en Padre Las Casas, donde hicieron su aparición ganando el primer lugar.

> Teníamos y tenemos sueños de cambiar y producir cambios desde lo barrial, desde lo local, desde lo comunitario, desde lo popular. Nos decidimos a dar frente, a dar cara. Allí en esas esquinas, en esos años, después de tanto discurrir, entre mate y cigarrillo. Decidimos hacer la diferencia en nuestra población. Continuar con la lucha, la fuerza que caracterizó a Santa Rosa desde su fundación. Siendo el último lugar donde el pueblo mapuche se alzó contra el invasor español en 1881. Rescatar la fuerza con que nuestra gente fue poblando Santa Rosa y con ello superando la pobreza a punta de tomas y autoconstrucción. Armaron sus casas y dignificaron el sector [Entrevista al Movimiento Cultural ARPPA, 2017].

El 7 de mayo de 1999 obtienen la personalidad jurídica. Originalmente el nombre nace porque la mayoría son de la población Paredes. Fue así que surge ARPPA: "Artistas Población Paredes", lo que generó también una discusión porque no todos eran de Paredes y de ahí surge la idea de resignificar la sigla: "Artistas Por y Para el

Arte". El sentido del Movimiento Cultural se debe a las ideas circundantes de rebeldía y revolución. ARPPA mantiene la convicción de cambiar lo que la institucionalidad entiende como organización. No se identifican como "agrupación" sino como "movimiento" dado que algunos miembros asumieron ser referentes de los movimientos sociales de base de izquierda y populares, muchos de los cuales lucharon y luchan contra el régimen para recuperar la libertad, el país hacia una nueva vida, en especial para los que provienen de las poblaciones, los campos marginados y oprimidos. El concepto de "movimiento" no es estático, sino que resignifica la construcción colectiva, se mueve e incorpora de acuerdo a los cambios, avanza, retrocede, acelera y retrocede otra vez. Finalmente el ARPPA quedó como nombre fantasía, pero sin olvidar su origen en la Población Paredes.

> Para el año nuevo de 1995, en la casa de la familia Huaiquil, empieza a nacer el ARPPA. Ahí estábamos el Julián y Luis Alonso (Los Julianes), el Jaime y el Patricio Villablanca (Pato Chico). Que ya nos conocíamos desde el Liceo Comercial donde nos hicimos amigos. En la casa de los Huaiquil estaba el Mauricio Huaiquil, el Guido y el Rubén Peña, el Nani y el Manolo. Que se conocían de la Pobla y la pega en Gejman. En eso llega el Jorge Vera (El Pingüino) después conocido como el Tata [Archivo del Movimiento Cultural ARPPA].

En el año 2002, ARPPA asume una propuesta de gran envergadura, para el populoso Sector de Santa Rosa. Se inaugura la Casa Cultural ARPPA, el primer centro cultural de barrio de desarrollo y fomento de las expresiones del arte y la cultura popular en Temuco y la región. Actualmente ARPPA instaló en el sector un canal de televisión comunitario.

El movimiento cultural ARPPA promueve el arte, la cultura, la educación popular y la sensibilización. Durante esos años abordaron temáticas como la drogadicción, el medio ambiente y la ausencia de espacios de participación ciudadana. También desarrollaron variados talleres y actividades, como: fotografía, cine club, teatro, títeres, relajación, salsa, música, instrumentos musicales, sala de ensayo, peña, batucada, banda de poesía-rock, grupo hip hop, tertulias poéticas, *cómics*, grupo muralista, pre-universitario, feria del trueque, sexualidad responsable, consulta gratuita de asistente social, programa de radio Comunitaria en Creativa 88.5 del COSAM La Rueda, encuentros, exposiciones y múltiples eventos de interés comunitario.

> Hemos desarrollado una variada cantidad de ideas, propuestas, proyectos y actividades desde nuestra aparición en escena, hace ya 20 años. Desde la Población Paredes para todo nuestro Territorio de Santa Rosa, como la primera revista alternativa a los medios de comunicación formales "Abajo e' la línea". Estamos mirando que podemos alcanzar grandes cosas. Solo tenemos que creer que es posible [Entrevista al Mov. Cultural ARPPA, 2017].

10. Movimiento Veintinueve de Marzo - 29M

> Lugar: Quepe, Freire, Población Juan Alberto Toro.
> Año de fundación: 2013
> Objetivos: Agrupación artístico-cultural de promoción social de diversas poblaciones y comunidades indígenas; organización de actividades recreativas y artesanales.
> Palabras clave: Territorio; vulneración; comunicación; inclusión; desarrollo; estigmatización; autogestión; recuperación; organización; educación; Historia; Humanidad; apoyo; amor; compañerismo; memoria; dignidad.

El movimiento 29 de Marzo nace hace casi 4 años. Se inició con un grupo de amigos, la mayoría de 40 miristas que realizó una tarde de pensar, de recopilar un poco de historia en el Cerro Mariposa donde fueron dinamitados dos jóvenes miristas.

> Como acá en Temuco no se había hecho ninguna actividad por el 29 de Marzo, día del joven combatiente, nosotros fuimos y la hicimos allá, conversamos de lo que nosotros podíamos hacer como grupo. Todos queríamos hacer algo: ir a las poblaciones, rescatar identidad, ayudar a que se mantuvieran limpias las riveras y las plazas [Entrevista al Movimiento 29M, 2017].

Originalmente eran 7 familias y en total 25 personas. Luego quedaron 15 y ahora sólo una familia. Los demás se fueron esparciendo: "Porque piensan que uno se va a casar con el Gobierno... ellos pueden participar cuando quieran" (Expresó la familia actual acerca de los antiguos integrantes del Movimiento).

Con el apoyo del gobierno se realizó un taller de artesanía en fierro y una actividad de recuperación de identidad. Durante el año 2017 la agrupación se mantuvo plenamente vigente, así como sus actividades. Con diversas alternativas: talleres de fotos, títeres, circo, malabares, música, audiovisuales, murales y ollas comunes. La olla común se hace para atender a los distintos invitados, como grupos de música hip-hop o de rap. La idea es que una vez que ellos entregan su música se comparte una olla común.

A partir del año 2017, se empeñaron en la construcción de un paradero de microbús para las "Ñañas" cuando viajaban desde los pueblos a Temuco. Esto fue gracias al acuerdo con otra agrupación para comprar los materiales y construir el paradero.

Las actividades también contemplan detectar talentos. Por ejemplo, si hay una niña que hace poesía, se organiza un taller de poesía para apoyar a una "futura poetisa". Del mismo modo realizan talleres en las poblaciones para evitar que los jóvenes terminen "en la esquina, en la droga o en el alcohol".

Otro de los desafíos es ayudar a los jóvenes a descubrir sus intereses para continuar con estudios universitarios. Aunque hoy hay muchas posibilidades de estudiar -dicen- muchas veces están tan estigmatizados que "no quieren ir a la universidad", "no quieren estudiar"; "rescatar a alguien de ahí, esa es la idea, no es ir a entretener, no es ir a hacer una fiesta, hacer un carrete, la idea es cambiarle un poco la mentalidad, empezar por los niños". Sobre las diferentes opciones universitarias en la región, lo ven "como una puerta abierta para que los jóvenes logren tener sus ingresos, en primer lugar y busquen hacer lo que ellos decidan hacer en sus vidas" (Entrevista al Movimiento 29M, 2017).

En otro plano, algunas de las actividades apuntan a crear conciencia ambiental. Por ejemplo, ante la presencia de basura en el río Quepe, se realizó una jornada cultural con música y títeres para crear conciencia con el entorno:

> Hay un montón de cosas por hacer pero tenemos que ir con calma, todo es autogestión y tenemos que sacar de algún lado las 'lucas' para poder pagar los pasajes. Aunque sea para la gente que viene a cooperar, en realidad aquí una mano lava la otra y las dos lavan la cara, así se trabaja con los compañeros [Entrevista al Movimiento 29M, 2017].

Para la agrupación es una experiencia de vida, una manera de dar a los jóvenes lo que no lograron tener en su juventud: oportunidades. "Si yo hubiese tenido la posibilidad de estudiar en la Universidad cuando andaba en situación de calle o hubiesen habido agrupaciones como la que nosotros estamos formando ahora, a lo mejor hubiese sido la misma pero con título. Hubiese estudiado Antropología o Periodismo. Antes decía: por qué no fui periodista" (Entrevista al Movimiento 29M, 2017).

11. Radio Comunitaria Ercilla 100.3 FM

> Lugar: Ercilla
> Año de fundación: 1999
> Objetivos: Medio de comunicación autogestionado con programación de interés local enmarcado en el proyecto educativo intercultural Kelluwün.
> Palabras clave: Comunidad, radio, comunicación; personas; escuela; parroquia; clubes deportivos; evangélicos; organizaciones.

Radio Ercilla es el nombre de fantasía que solicitó ante el Ministerio la Radio Comunitaria Ciudadana de la Comuna de Ercilla según la nueva Ley N° 20.433, que rige a todas las radioemisoras de esta categoría de la Subsecretaría de Telecomunicaciones. Esta radioemisora nace en Ercilla, a través de un proyecto denominado "Gestión Participativa en Educación Kelluwun", que en mapudungun significa trabajo colaborativo, porque este proyecto trataba de hacer un hallazgo en investigación-acción participativa en todas y en cada una de las comunidades en las que estaba inserta una escuela municipal. Fue así que se decidió conversar con la gente de las comunidades que vivían alrededor de la escuela, pero no solamente se trataba de esto, sino que el hallazgo les permitía ampliar sus horizontes.

> Durante la invasión a Irak veíamos por televisión cómo se bombardeaba ese país, lo veíamos en directo, a través de la televisión, sin embargo, no sabíamos qué pasaba a dos cuadras más allá de nuestra casa, por ejemplo, los niños no sabían en la escuela que a otro se le había quemado su casa y que de alguna manera necesitaría reunir un poquito de ropa para poder vestirse. Desde ahí nace la idea de un medio de comunicación como la radio comunitaria [Entrevista a Radio Ercilla, 2017].

En el año 2001 surge la idea de la radioemisora con gran impulso y solicita el permiso a la subsecretaría de Telecomunicaciones, se postula y les asignan una frecuencia 100.3 XQL-001, en la Frecuencia Modulada. Salieron al aire el día 24 de junio, cuando en la región la comunidad mapuche celebra el *Wetripantu*, que es el año nuevo mapuche.

En la ceremonia participaron representantes de 14 países quienes estuvieron participando de esta Ceremonia ancestral, en un proceso intercultural de las comunidades mapuches. En la emisora estuvieron varios de ellos conversando sobre la radio como una herramienta no solamente de entretención y comunicación hacia la comunidad, sino también como una herramienta pedagógica que podía servir para las escuelas en la que se estaba trabajando.

> Luego de eso un alcalde de aquel entonces quería que yo le hiciera campaña política, porque yo estaba a cargo de la radioemisora, yo me negué, puesto que las radios ciudadanas comunitarias no deben inmiscuirse en proselitismo político, entonces como represalia contra nuestra emisora, mandaron a sacar el letrero de la radio, por lo tanto, tuve que arrancar de ese lugar con los equipos [Entrevista a Radio Ercilla, 2017].

Así la radio se instala en Ercilla. Gracias al FOSIS (Fondo de Inversión Social), al programa de Gobierno para el Desarrollo, y a un subprograma que se llama Habitabilidad, postularon a la mejora de la sala de la radio. Se han mantenido durante 15 años al aire y continúan transmitiendo y participando como dirigentes sociales de la comunidad.

> Hemos tenido programas del folklore en vivo, también programas de conversaciones, informativos, tanto en castellano, como en *mapudungun* o en lengua mapuche; programas de salud, de esta manera la gente va sintiendo la radio más cercana. También hacemos una ronda de poemas con los niños de tercer año básico y quedan muy entusiasmados en participar, porque se van a escuchar

las radios a sus casas [Entrevista a Radio Ercilla, 2017].

Con el Consejo de Salud municipal realizaron un programa de prevención de las enfermedades de los adultos mayores, de enfermedades crónicas, con el fin de que los familiares aprendan el manejo de las patologías que son recurrentes en este grupo etario, para prevenir el agravamiento de ellos, alivianando así la carga al servicio de salud. Entonces de esa manera la radio cumplía un rol social, de entretención y de información a la misma vez.

También poseen un programa que se llama Foro Ciudadano que lo realiza una ONG de Santiago que se dedica a entrevistar a personas de gobierno, con responsabilidad nacional. Llegan a la radio un par cds grabados para el mes y les provee de material de alta calidad con personajes interesantes. También difunden un programa de los derechos de la mujer, donde se invita a una matrona y hablan acerca del aborto o también sobre las pensiones alimenticias. Las conversaciones tratan sobre especialistas generalmente, que desde Ercilla es difícil tener acceso a ellos.

> Nos sentimos satisfechos y orgullosos de nuestra humilde pero necesaria labor de comunicador social. Vamos a comprar una nueva antena y tratar de arreglar el transmisor, puesto que llegó de la Subsecretaría de Telecomunicaciones un instructivo en que tenemos que hacer cambio de frecuencia. A todas las radioemisoras comunitarias nos arrinconaron en una parte del dial. La concesión declara que se acoge a las condiciones técnicas mínimas que establece la ley 20.433 y el artículo segundo transitorio del reglamento de radio sonora, debemos estar dentro de una concesión de mínima cobertura [Entrevista a Radio Ercilla, 2017].

12. Red de Semillas Libres Wallmapu

> Lugar: Wallmapu
> Año de fundación: 2013
> Objetivos: revalorizar el mundo rural campesino, dar a conocer la diversidad de las semillas; informar; poner en valor que las propiedades de las semillas tradicionales están asociadas a la ecología y la sustentabilidad.
> Palabras clave: Rural/urbano; transversalidad; espacio urbano; productor/ consumidor; charlas; talleres; trafquintu; seminarios; articulación; organización; autogestión; participación; biodiversidad cultivada; soberanía alimentaria; resguardo semillas tradicioales campesinas patrimonio de la humanidad; revalorización del mundo rural campesino y pueblos originarios.

La agrupación Red de Semillas Libres Wallmapu se inició en el año 2013 luego de un encuentro en Perú durante el año anterior en la que confluyeron diversas organizaciones. La actividad fue organizada por la Asociación Kokopelli que se llamó Festival Pachamama Kokopelli (Semillas Libres Wallmapu, blogspot, 2012). El encuentro contó con la presencia de Costa Rica, México, Bolivia, Ecuador, Chile y en esa amplia reunión se formó la Red de semillas libres de Las Américas y así, cada uno de los representantes asumió la tarea de conformar la red en cada país. Fue en esa oportunidad que un grupo de chilenos conformó la Red de semillas libres con el propósito de aunar las fuerzas ante los embates que padecen muchas de las "las semillas tradicionales producto de la industrialización".

La Red de semillas libres del Wallmapu en la región de La Araucanía surge con la i-dea de conformar un curso que dio una guardiana de Semillas desde Bolsón, Argentina, organizado por la Agrupación estudiantil 'Conziencia Libre' que aportó nueva información sobre los huertos orgánicos y el manejo de semillas de autoproducción. Se hizo en Nueva Imperial y desde ahí se creó la red en conexión con las diversas localidades, incluso con el Puelmapu [Entrevista a Red de Semillas Libres Wallmapu, 2017].

El problema de las semillas según la Red es la pérdida de la diversidad, porque acompaña un patrimonio intangible, ligado a las tradiciones, aspectos culturales y sociales que conlleva la semilla. Por otra parte está la diversidad genética, la riqueza natural que tiene hace miles de años, desde los pueblos originarios y que actualmente la problemática acompaña la modernidad y la globalización. Desde aquí se instalan grandes empresas quienes industrializan la semilla y se va perdiendo en consecuencia el *Itxofil Mongen* (la diversidad) y *el Kume Mongen* (buen vivir), por los fertilizantes, agrotóxicos, pesticidas, agro químicos que destruyen el equilibrio de todos y todas y las formas de conectarse con la naturaleza, además de poner en riesgo la salud.

En los años 70 surge la revolución verde, donde comienzan a nacer este otro tipo de semillas que son manipuladas genéticamente, "versus las semillas que son el legado de nuestros ancestros y que han sabido y podido evolucionar", explica la agrupación.

Las empresas involucradas en esto son: Monsanto, Bayer, Syngenta y otras. La más conocida es la primera, porque tiene un porcentaje importante a nivel mundial de lo que es la venta de semillas, modificadas o asociadas a lo que llamamos 'paquete tecnológico', estas semillas no existen sino fueran acompañadas por un paquete de agroquímicos que ayuda a que perduren en el tiempo, para que sean resistentes a la sequía, las plagas, a diferencia de las semillas tradicionales o naturales, que no requieren de otros accesorios, por lo tanto, no contaminan, ni afectan la salud a diferencia de las híbridas y transgénicas las que se introducen por la industria a través de políticas y slogan que enuncian que a través de estas semillas manipuladas se va a combatir la pobreza en el mundo. Sabemos que ya estas semillas perjudican la salud humana y de la flora y fauna nativa. Estas empresas hacen creer que tienen mayor productividad, pero en el fondo no es así, incluso una universidad de Temuco lo ha comprobado con la Quinoa. Nuestros objetivos son los siguientes: revalorizar el mundo rural campesino, dar a conocer la diversidad de las semillas, informar. Todo esto para poner en valor que las propiedades de las semillas tradicionales están asociadas a la ecología y la sustentabilidad [Entrevista a Red de Semillas Libres Wallmapu, 2017].

La agrupación Red de Semillas Libres conforma una organización abierta a la comunidad que realiza reuniones periódicas en las que conversan problemas de actualidad que se suscitan, desde perspectivas legales hasta las problemáticas asociadas a temas culturales. Apoyan iniciativas relacionadas con la discusión, la promoción y la difusión de las semillas campesinas tradicionales.

En todo *Txafquintün*, encuentro de semillas y charlas, nos comunicamos, articulamos y nos apoyamos de alguna u otra manera, a través de las redes sociales, así ha sido en *Rulo*, en *Metrenco*, en *Tirúa, Melipeuco, Maquehue*. El tema de la semilla no está separado del territorio, ni del arte, ni de la cultura [Entrevista a Red de Semillas Libres Wallmapu, 2017].

Otro de los objetivos es la conservación, difusión, educación de las Semillas Vivas, ya que se ha instalado la creencia de que las semillas campesinas son de poca calidad biológica, no productiva y es todo lo contrario, son las más productivas, las más estables, resisten a los cambios climáticos, se adaptan a los gustos de las personas, le dan identidad a la alimentación, poseen todas las condiciones para contribuir al Buen Vivir de las familias en la región.

La agrupación Red de Semillas Libres Wallmapu insiste en la importancia de difundir lo anteriormente dicho al consumidor, porque a la hora de tomar decisiones acerca del tipo de alimento, optará por consumir. Los alimentos pueden tener una bonita forma, pero no tienen ni rastros del sabor, ni de las vitaminas de los alimentos de antaño.

Nosotros convergemos con otras agrupaciones, por ejemplo, con la Red Defensa de las aguas. Hemos ido trabajando con ANAMURI, con el Consejo Agroecológico y otras instituciones como INDAP, universidades de Temuco y también con la gobernación, porque lo consideran importante de hacer, ya que es un aporte a las experiencias recopiladas en las diferentes actividades en terreno, en comunidades y con la gente. La red no tiene una direccionalidad vertical, sino desde la transversalidad, a nivel nacional y a nivel latinoamericano. Todos confluimos en el mismo propósito. Lo que hacemos sentir es que cada organización y cada integrante son valiosos y es importante que esté y desde esa manera nos articulamos [Entrevista a Red de Semillas Libres Wallmapu, 2017].

13. Titerike

> Lugar: Temuco
> Año de fundación: 1992
> Objetivos: Organización que difunde, fomenta y desarrolla de actividades artísticas y culturales de las organizaciones de barrio a través de proyectos y talleres y apoyo a organizaciones no formales.
> Palabras clave: identidad; raza, familia; geografía; entorno sociocultural/individuo; ser social; hombre, mujer; ser humano; sentido de vida; acciones unitarias; acciones comunitarias; coherencia / complementariedad; relación con otros individuos; efectiva; asociatividad; emprendimiento; gestión afectiva, individualista; autoconstrucción social/necesidad; biológica; espiritual; superstición/adquirida; sumisión.

La agrupación Titerike comenzó como una compañía de teatro con especial énfasis en teatro de muñecos y luego se fueron incorporando otras expresiones artísticas, como el circo, las artes escénicas y la música. Nació en Iquique en el año 1992, sin embargo, la agrupación de arte y cultura Titerike fue creada formalmente el año 2004 en la ciudad de Temuco como una agrupación con Personalidad jurídica.

> Cuando armamos la agrupación, ya con el instrumento jurídico y con ciertos rasgos de institucionalidad, trabajamos en los deberes y los derechos. Está el derecho de proponer y el deber de hacerse cargo de ellas. En Iquique estuvimos apoyando durante 10 años a diversas agrupaciones como la Asociación de escritores y poetas de esa zona, también en Tarapacá y a la compañía de teatro 'NO +' de la Universidad Arturo Prat. El año 1999 usamos marionetas gigantes en intervenciones callejeras [Entrevista a Titerike, 2017].

Es una organización que permite la difusión, el fomento y el desarrollo de actividades artísticas y culturales, a partir de trabajos con la ejecución de proyectos, con desarrollo de talleres, capacitaciones, cursos y el apoyo a expresiones artísticas no formales.

La misión de Titerike es insertar la organización dentro de una plataforma comunitaria de desarrollo cultural que permita la construcción de un ser humano más tolerante, creativo, observador y respetuoso frente a una sociedad violenta, intolerante y discriminadora. Titerike cree que a través de la cultura y de las artes se puede desaprender. La idea es ser parte de ese proceso. La visión es trabajar en función de promover los espacios y las acciones aunque no signifiquen utilidades económicas.

Durante los años 2002 y 2003, Titerike acompañó el proceso de la agrupación ARPPA y en conjunto levantaron la primera casa cultural comunitaria del barrio que se abrió en la región, en la calle Antifil de Santa Rosa (Temuco) donde obtuvieron importantes logros a través de la autogestión. Ese espacio siempre fue abierto, pluralista desde la perspectiva de los derechos humanos.

Luego se comenzó a desarrollar el teatro de muñecos como una actividad más conocida, se establecieron diversas alianzas, una de ellas fue con el Museo regional de La Araucanía, permitiendo llevar durante cinco años consecutivos una permanencia de presentaciones en la Sala Eilers, creando así una audiencia que ha aumentado con el paso del tiempo.

La agrupación Titerike destaca literalmente las siguientes líneas de acción:

- Desde la autogestión económica, ofrecen servicios de espectáculos, para niños y adultos en el ámbito de las artes escénicas para instituciones públicas y privadas.
- Línea de capacitación desde la que se ofrecen talleres formativos gratuitos y remunerados, para desarrollar habilidades específicas. Entre ellos el teatro de títeres o circo teatro, destinado a capacitar a nuevos ejecutores sobre la disciplina, ya sea en técnicas o incorporación al ámbito. De este modo uno de los estudiantes logró irse a Argentina para estudiar teatro de títeres en Buenos Aires.
- El desarrollo de habilidades creativas, para el que se creó el espacio Casa Titerike para niños. Se centra en la participación de circuitos de experiencias para el desarrollo de dicha actividad. Se inició con un diagnóstico del área pertinente del joven, para conocer su orientación al muralismo, la percusión, la danza y otras experiencias. Está orientado a niños de 5 a 13 años.

Actualmente Titerike funciona con una lógica de trabajo mancomunado en red. Si bien está conformado por 6 personas: actores, titiriteros y músicos, logran impactar a un universo que llegan a ser 25 personas participantes con regularidad en las acciones. También cuentan con colaboradores que llegan a ser entre 50 y 60 personas, de quienes reciben consejos y diversos tipos de aportes.

La red se extiende a modo de asociaciones estratégicas, pero especialmente de profesionales y amigos. Pertenecen a la ATICH, asociación de titiriteros de Chile. Reciben la tradición de Alejandro Jodorowsky, Enrique Noisvander, Sergio Buchmann, Mauricio Quezada "Pappo", y de las escuelas Alejandro Lipchutz y CENECA, fomentando las prácticas solidarias.

> El proceso de la creación de las obras nace de dos maneras, primero por necesidad de quien propone una representación artística y nos dicen necesitamos obras de teatro que hablen de diversos temas como el bullyng. Nos proponen una situación que es necesario resolver, y la investigamos, buscamos antecedentes, y nos juntamos en equipo para comenzar a imaginarlo. También nacen propuestas para las áreas separadas y aquellas que llamamos montajes mixtos [Entrevista a Titerike, 2017].

CAPÍTULO II
NOCIONES DEFINIDAS POR LOS COLECTIVOS A PARTIR DE MAPAS SEMÁNTICOS

Según la RAE, la palabra "noción"[6] es: Del *lat. notio,-ōnis*.1. f. Conocimiento o idea que se tiene de algo; o 2. f. Conocimiento elemental. U. m. en pl. Etimológicamente la palabra noción viene del latín *notio, otionis* (conocimiento, idea, concepción, representación intelectual), nombre de acción del verbo *noscere* (conocer), que primero fue *gnoscere*. De este verbo y sus prefijos latinos nos vienen también las palabras, conocer, cognoscible, reconocer, noticia, notorio, denodado y denuedo. Su raíz, indoeuropea es *gno* (conocer), que también dio en latín el verbo ignorare (con prefijo negativo), de donde proceden ignorar y añorar; y el adjetivo *nobilis* (conocido, reconocible, de *notabilis*) que nos da noble. En griego esta raíz indoeuropea dio el verbo *gignóskein* (conocer), de cuya raíz proceden palabras como gnosticismo, agnosticismo, diagnóstico, pronóstico, gnoseología.

Sin embargo, ya no desde la órbita eurocéntrica, el poeta Chihuailaf nos dice que:

> La Palabra surge de la Naturaleza y retorna al inconmensurable Azul desde donde nos alegra y nos consuela... Cuando la Palabra cree/imagina interrogarse no es sino lo innombrado que la interroga para sacudirla, para desempolvarla, para intentar devolverle su brillo original. ¿Para qué entonces el deseo de decirlo todo si, como en un tejido, el Ahora -en el tiempo circular- existe y se completa con las hebras del ayer y del mañana? Así nos dice el tiempo que sueña que

---

[6] Raíces Proto-IndoEuropeas (PIE): Gno: gen, gena, gne, gno, conocer. gr. *gnosis*, conocimiento. lat. (g) *noscere:* conocer, nota, noticia, notario; (g) *narrare:* narrar, narrador, narrativa; *novilis:* conocido, reconocible, noble. Fuente: http://etimologias.dechile.net/?nocio.n.

nos sueña. Que soñamos (Chihuailaf, 2008, p.129).

El presente capítulo procura identificar aquellas "nociones" o "palabras" que las agrupaciones aportaron a la discusión a partir del trabajo con mapas semánticos sugerido, de esta forma logramos agruparlas en tres macro-categorías y a su vez, articularlas con definiciones y reflexiones de autores que le han dado un tratamiento detenido a dichos temas. Estas macro-categorías son palabras compuestas, plurales, colmadas de significados dinámicos, dependientes de los sujetos que los crean. Estos criterios son aportados por las propias agrupaciones que conciben nociones dinámicas, plausibles de profundización de acuerdo al sujeto activo que las define. Sin lugar a dudas se habla de nociones en constante movimiento dialógicas y de confrontación. Las categorías constituidas son:

- Mapas / Territorios.
- Educación / Comunicación / Culturas.
- Políticas / Cambio social / Identidad.

Lo que sigue se presenta a modo de análisis no con el afán de reproducir conceptualizaciones teóricas, sino de sugerir nuevas nociones a partir de los sujetos activos pertenecientes a cada agrupación entrevistada.

Mapas/territorios

La macro-categoría denominada *mapas/territorios* indica el "lugar" de preferencia en el que se habita, se comunica, se vive, se lucha, se construye, se cuida y se mejora. Podemos encontrar referencias de la dualidad del concepto mapa/territorio en la trayectoria del lingüista polaco Alfred Korzybski al consagrar su frase: "el mapa no es el territorio" después de participar de la Primera Guerra Mundial como oficial de inteligencia del ejército ruso y tras ser herido en su pierna se trasladó al Norte de América. Desde allí desarrolló su obra de semántica general y más tarde se dedicó a la PNL (Programación Neurolingüística), impactó en el escritor surrealista belga Jan Bucquoy en la séptima parte de la serie de cómics Jaunes - Labyrinthe, así como también influyó significativamente en el pensamiento de Jacque Fresco. Baudrillard también se pronuncia sobre la misma idea reforzando la noción de simulacro:

> Hoy la abstracción ya no es la del mapa, el doble, el espejo o el concepto. La simulación ya no es la del territorio, un ser o sustancia referencial. Es la generación de modelos de algo real sin origen o realidad, una hiperreal. El territorio ya no precede al mapa, ni le sobrevive. Es el mapa el que precede al territorio, la precisión de los simulacros, la que engendra el territorio (Baudrillard, 1978, pp. 5-6).

El presente análisis se ve atravesado por la postura radical del filósofo uruguayo José Luis Rebellato (2000) que sostiene la importancia de poseer una mirada ética enclavada en lo popular a partir de la educación liberadora desde una postura latinoamericanista contraria al eurocentrismo. Se rescata la tradición de la Educación popular en América Latina y conceptualizaciones como: sujeto popular, alternativas y micro experiencias, instituido e instituyente; autodeterminación moral e intelectual.

Extraemos nociones de diversas fuentes, entre ellas las agrupaciones que vuelcan sus propias nociones para problematizar determinados fenómenos.

Para la agrupación *Veintinueve de Marzo (29M)* la noción de territorio está ligada al menos a tres palabras clave: territorio/vulneración; territorio/comunicación y desarrollo/humano; y territorio/recuperación de la dignidad. La base de esta red de palabras es el amor con igualdad. Estas convergen con definiciones primigenias de territorio y territorialidad como la relación emocional acerca del espacio, siempre que el espacio se transforme en lugar con significado, de encuentro festivo con un (el/la) otro/a.

La palabra territorio, según la agrupación entrevistada, se sitúa en el sector rural de Quepe y ya no en Temuco. Esto se debe a una opción política para el trabajo desde el mundo rural con vecinos de la población y próximas a las comunidades mapuche de la comuna de Freire. El territorio se convierte en el macro concepto que contiene palabras como *vulneración, comunicación* e *inclusión* y se dispersa en nodos hacia otros conceptos representados en el diagra-ma, tales como *desarrollo, organización, compañerismo, estig-matización, educación, memoria, autogestión, humanidad, dignidad, recuperación,* hasta establecer la palabra *amor* e *igualdad.* Al leer el Grafo pareciera que todo se da en una condición de amor en un acotado territorio y que el motor de la búsqueda para lograr sus objetivos son las palabras de *autogestión, educación y memoria,* expresadas en su entrevista.

En este caso *29M* expresa su identidad orgánica de acuerdo a su territorio. El territorio, para Sosa (2012), es entendido como un concepto que se puede configurar, representar, apropiar y construir como un territorio desde dimensiones sociales y económicas, cuya característica es lo multidimensional. Nos dice que el territorio no es solamente una porción de tierra delimitada con su complejidad biofísica (relieve, condiciones ambientales, biodiversidad). Es por sobre todo una construcción social dinámica, es decir, histórica, económica, social, cultural y política.

> La configuración del territorio se entiende a partir de su condición de marco de posibilidad concreta en el proceso de cambio de los grupos humanos. Sin embargo, también es el resultado de la representación, construcción y apropiación que del mismo realizan dichos grupos, así como de las rela-

ciones que lo impactan en una simbiosis dialéctica en la cual tanto el territorio como el grupo humano se transforman en el recorrido histórico. Esto es así puesto que la intervención del ser humano modifica la relación sociedad-naturaleza, aunque también las catástrofes y los procesos evolutivos en la biósfera pueden determinar cambios en la sociedad (Sosa, 2012, p.7).

Las organizaciones que fueron entrevistadas dentro del criterio de lógicas de participación, hacen uso del lugar o el territorio para desarrollar su trabajo tras sus objetivos propuestos y sus principios. Ellas viven articulándose dinámicamente con la comunidad no desde la esfera de lo institucional -aunque reconocen haber usado los recursos del Estado- para servir a la comunidad desde donde proceden, pero luego regresan a su origen afectivo y socio espacial.

Cultura se entiende desde el insumo conceptual de la UNESCO como un "conjunto distintivo de rasgos espirituales, materiales, intelectuales y emocionales que caracteriza a los grupos humanos y que comprende más allá de las artes y las letras, modos de vida, derechos humanos, sistema de valores, tradiciones, y creencias" (UNESCO, 2002, pp. 21-24).

Por último, comunidad, popular (pueblo) y democracia local, se pueden entender como sinónimos, esta última se define como:

> La democracia es una forma de gobierno del Estado donde el poder es ejercido por el pueblo, mediante mecanismos legítimos de participación en la toma de decisiones políticas. El concepto de democracia local circunscribe el concepto al territorio en su expresión político e institucional local (UNESCO, 2002, pp. 21-24).

Otra de las organizaciones que infieren a partir del macro concepto de *mapas/territorios* es *Rukarelmu,* organización de Malleco, quienes habitan las faldas de la cordillera de la Costa, Nahuelbuta. Su mapa es particular y sus preocupaciones redundan en el medio ambiente. Su Grafo Léxico representa 3 círculos centrales: *ecología, educación y cultura,* de los que se desprenden 11 palabras claves. Sus definiciones de *ecología* se enfocan desde la perspectiva de la ecología profunda.

> Entendemos ecología desde la perspectiva de la ecología profunda. Lo primero es entender que Eco significa 'Hogar' y 'Logía' de Logos o Conocimiento. Entonces la ecología es el conocimiento de nuestro planeta y más profundamente, porque partimos de la noción de que nosotros los seres humanos somos parte de un sistema del planeta tierra del cual somos interdependientes y que la convivencia entre nosotros, el resto de los seres vivos, es fundamental para poder brindarle a las generaciones futuras al menos lo que nosotros hemos recibido hoy [Entrevista a Rukarelmu, 2017].

En su Mapa semántico se desprenden pétalos vinculados con los círculos centrales de una flor de colores. La palabra agua está articulada al círculo de ecología porque moviliza a la agrupación "porque compartimos la convicción de que el agua es un derecho humano fundamental". También está articulado al pétalo de los *derechos humanos* porque es un requisito para que otros derechos se hagan realidad y "esta convicción ha sido inspiradora dentro de la agrupación y también con la comunidad de origen Angol - Nahuelbuta".

El pétalo de la *biodiversidad* es un motivacional temático:

En nuestras actividades porque hemos puesto énfasis en transmitir la gran importancia que tiene la cordillera de Nahuelbuta por su diversidad biológica que se expresa a través desde la riqueza que hay en su bosque nativo y se refleja a través de los paisajes y de la cultura que se desprende de esta riqueza, la cual está mermada y constantemente amenazada por la presión de las industrias forestales y actualmente otras industrias que están acechando el territorio [Entrevista a Rukarelmu, 2017].

A la izquierda del pétalo de *agua* está el de *soberanía alimentaria* y desde allí:

Se conecta con los derechos humanos, también puede ser con los derechos culturales y en este caso vinculado con la ecología, también con la educación. La Soberanía alimentaria es el derecho de las comunidades a escoger o decidir qué alimentos son culturalmente adecuados y que las formas que son producidas también sea pertinente y ecológica, totalmente vinculado con el pétalo agua y con el resguardo de las semillas tradicionales. Esto nuevamente nos pone en contraposición a la cultura oficial que nos quiere imponer a través de PRODESAL y otras instituciones las semillas modificadas genéticamente por grandes empresas como Bayer y Monsanto, Singenta. Este concepto es bien representativo al espíritu de nuestra organización porque aquí está la alimentación que es cultura; la educación porque estamos transmitiendo este concepto y también enseñando las huertas, cuidado y curatoría de semillas, mantención de las semillas antiguas, campesinas y ancestrales [Entrevista a Rukarelmu, 2017].

El pétalo sobre *ecoalfabetización* es un concepto que se ha usado frecuentemente los últimos 20 años y tiene que ver con transmitir nociones básicas, dicen:

De ahí la idea de alfabetización de ecología. Están entrelazados cultura, educación y ecología. Se alfabetiza en tanto se educa. Se comparte principalmente las "erres" (reciclar, reusar, reducir, reparar, restaurar) y otros conceptos como huella ecológica y basura, es uno de los temas que hemos comunicado bastante en nuestras actividades a la comunidad de Angol del Nahuelbuta [Entrevista a Rukarelmu, 2017].

De la esfera de Educación se desprende el pétalo de *desarrollo personal*:

Es un concepto emergente en la agrupación por los intereses y habilidades de los integrantes, donde hay varios sicólogos, profesores o educadores y educadoras, es muy importante. El desarrollo personal y desarrollo humano son acciones, habilidades o herramientas para facilitar procesos de transformación para adoptar ideas nuevas y esto es muy importante para nosotros porque estamos siendo parte de la creación de un nuevo paradigma por lo tanto también necesitamos tener habilidades inter e intra personales que nos permitan crear algo nuevo de esto que se está muriendo [Entrevista a Rukarelmu, 2017].

El pétalo *popular*, en tanto, también ocurre en forma transversal:

> Siempre se entiende a la educación como un proceso dirigido a los niños, creemos entonces que la educación ocurre en todo momento, el aprendizaje ocurre en todo momento, por lo tanto se puede educar o auto educarse cualquier momento y constantemente en forma ideal. Es popular porque las acciones y actividades o activismo está dirigido a nuestra comunidad, entonces es para todos y en ese sentido es popular [Entrevista a Rukarelmu, 2017].

En pétalo titulado *para la paz* significa que:

> La educación para la paz es un proceso tensionado donde las líneas temáticas y metodologías están dirigidas a brindar herramientas para la mejor convivencia entre las personas, entre los seres humanos. El proceso de enseñanza y aprendizaje de la cultura de paz implica una ética, está fundamentada en la convivencia en libertad y siempre apoyada, vinculada y conectada con el respeto y el cumplimiento de los derechos humanos fundamentales [Entrevista a Rukarelmu, 2017].

Conectando las esferas *Educación y Cultura*, el pétalo *Derechos humanos* describe:

Para nosotros es importante porque debido a la constitución que tenemos no todos los derechos humanos son reconocidos en Chile como derechos fundamentales, entonces instalar los derechos humanos como un tema de educación e incorporarlo a la cultura que estamos creando entre todos es algo muy importante para nosotros los derechos humanos que se han perdido que se han minimizado estas últimas décadas, debemos darle un nuevo valor, posicionarlos, hacerlos ver, recrearlo si es necesario y apoyarlos en esas generalidades que son los derechos humanos para poder convertirlos en derechos fundamentales en Chile [Entrevista a Rukarelmu, 2017].

En la esfera de cultura el pétalo *comunitario*:

Viene a expresar esta identidad que tenemos donde hay un reconocimiento mutuo entre personas que respetando nuestras diferencias y nutriéndonos de ellas vamos creando una identidad común y que está identidad se va ampliando en la medida que incorporando los diversos intereses ante las diversas formas de hacer de los integrantes, horizontalizando la agrupación, horizontalizando las relaciones en las decisiones con todos los retos y desafíos que esto nos ha significado y obstáculos. Para nosotros lo comunitario es algo real, tiene que ver con a-quello que aprendemos juntos, aquello que damos forma juntos, desde nuestra individualidad a un propósito en común [Entrevista a Ruka-relmu, 2017].

Ligada a la palabra *cultura local* es "una acotación -expresa la agrupación- de que nuestro territorio nos define, nos identificamos en él y con él, entonces en esta relación con el territorio, con nuestra comunidad de origen, estamos aquí realizando desde aquí y para este lugar".

> Por otra parte, la agrupación *Red de Semillas Libres* desplegó conceptos claves, articulados por intereses en común, por lo tanto inicia sus definiciones desde sí misma: es una red que está compuesta por un grupo de personas con interés común por las semillas libres de modificación genética, agrotóxicos, propiedad intelectual y fronteras, por los cultivos ecológicos, la biodiversidad, los saberes y sentires campesinos que intercambian información en movimiento transdisciplinarios, no lucrativo e inclusivo, cuyo propósito es el rescate de la diversidad agrícola y las tradiciones culturales asociadas. Esta red es parte de la red nacional Red nacional de semillas libres Chile, formando parte a nivel humano de una red más amplia a nivel continental, la red de semillas de libertad para las Américas [Entrevista a Red de Semillas Libres Wallmapu, 2017].

El segundo concepto es *patrimonio de la humanidad*:

> Entiende la semilla como la base fundamental de los alimentos. Ellas sostienen la vida, la biodiversidad de un complejo entramado

que une a cada ser viviente. Su existencia actual se debe a miles de años en manos de pueblos originarios y manos campesinas del mundo, pero estas semillas sanas se ven forzosas por otras variedades nacidas desde la Revolución verde, desde el agro negocio, dando como resultado semillas industriales avaladas bajo la denominación de semillas certificadas donde encontramos especies de semillas clasificadas como las mejoradas, híbridas y transgénicas, todas ellas asociadas a químicos que contaminan la tierra, dañan el bienestar de insectos benéficos para el cultivo y la salud humana [Entrevista a Red de Semillas Libres Wallmapu, 2017].

Otro de los conceptos es la *soberanía alimentaria* sustentado en seis puntos:

1) El alimento fundamental para los pueblos, es decir, que pone la necesidad de alimentación de las personas en el centro de las políticas, e insiste en que la comida es algo más que una mercancía. 2) El valor a los proveedores de alimentos ya que apoya modos de vida sostenible, respeta el trabajo de todos los proveedores de alimentos; 3) localiza los sistemas alimentarios, es decir, reduce la distancia entre proveedores y consumidores de alimentos y la asistencia alimentaria inapropiada, resiste a la dependencia de incorporación remotas e irresponsables; por otra parte, sitúa al control a nivel local, lugares de

control están en manos de proveedores locales, de alimentos. 4) Reconoce la necesidad de habitar y compartir territorios y rechaza la privatización de los recursos naturales. 5) Promueve el conocimiento y las habilidades, es decir, se basa en los conocimientos tradicionales, utiliza la investigación para transmitir este conocimiento a las futuras generaciones y rechaza las tecnologías que atentan contra los sistemas alimentarios locales. 6) Compatible con la naturaleza, es decir, maximiza las contribuciones de los ecosistemas, mejora la capacidad de recuperación, rechaza el uso intensivo de monocultivo, industrializados y demás métodos destructivos [Entrevista a Red de Semillas Libres Wallmapu, 2017].

La *Salud* es otro de los conceptos fuertes que enfatizó la agrupación:

Ya que semillas fértiles y puras son más nutritivas y de mayor calidad, mejor sabor y aroma y tiene usos y cualidades específicas que diversifican alimentos por territorios y por su cultura y con ello no estamos introduciendo alimentos nocivos a nuestros organismos, como por ejemplo los pesticidas, causante de las enfermedades que son características de los tiempos modernos [Entrevista a Red de Semillas Libres Wallmapu, 2017].

También *Autonomía*, porque consideran que las personas del campo deben ser quienes deciden:

Qué sembrar, qué cultivar, en qué momento cosechar. Entonces este concepto se refiere a la capacidad de decidir; qué semillas utilizar para la siembra y cómo se deben alimentar. Sin derecho no se puede asegurar la vida, ni la dignidad, ni el disfrute de otros derechos humanos [Entrevista a Red de Semillas Libres Wallmapu, 2017].

En cuanto a la *revalorización de los saberes campesinos y de los pueblos originarios*, la agrupación fue tácita:

La Red lo entiende hoy en día en los contextos actuales en cuanto estamos en un mundo globalizado y con ello la pérdida del conocimiento, la memoria y la tradición de los pueblos y de las manos de los agricultores de que por miles de años hoy en día mantienen nuestras semillas tradicionales que a través de su conocimiento ancestral que ha sido transmitido de generación a generación; por ello hablamos de tradición que es lo que otorga una identidad a los pobladores locales. Sabemos que a través de la memoria se van dando estos conocimientos y que hoy día son parte de nuestras sociedades actuales (Entrevista a Red de Semillas Libres Wallmapu, 2017].

La Red comprende que la *biodiversidad* es un elemento clave para la conservación de los agrosistemas sostenibles:

> Estos deben abordarse desde una perspectiva ecológica y social y que la Red no ha disociado estos dos aspectos ya que el componente natural y social y cultural da amplitud de prácticas o sistemas agrarios diversos y adaptados a las condiciones locales de los lugares de asentamiento y de las poblaciones. Sin embargo hoy vemos que muchos sectores técnicos, económicos, sociales y políticos han tenido una gran influencia en la grave erosión de la conservación y uno de los más graves ha sido básicamente la industrialización de las semillas y la privatización de estas mismas, como también la manipulación genética y todos los elementos asociados a las mejoras de forma racional y científica que las semillas han tenido hoy en día [Entrevista a Red de Semillas Libres Wallmapu, 2017].

Por último, su perspectiva crítica se argumenta en:

> La pérdida de muchas variedades de productos, de maíces, de las 400 variedades de maíces en 80 años se han perdido, quedando actualmente 79, por ejemplo; variedad de lechugas quedan 16 y, así sucesivamente y además de otros alimentos que hoy en día no los encontramos en los mercados o en los supermercados, entre ellos el Mastuerzo, la Consuelda, la Quinhuilla, han perdido su fuerza a través de la industrialización. Aparte, las empresas semilleras, han abandonado el cultivo tradicional de cierto tipo de semillas y con ello, la diversidad de alimentos

[Entrevista a Red de Semillas Libres Wallmapu, 2017].

El territorio es definido como una noción pragmática, porque es desde donde se enuncia frente a la realidad, en palabras de la organización *Novena Resistencia (9R)*, "el concepto territorio es donde yo estoy inserto como luchador social, y es de acá donde habita el pueblo mapuche, donde fue confiscado su territorio, anexado militarmente", es visto entonces desde un punto de vista crítico, buscando ser descolonizado mediante la organización social en los diversos territorios poblacionales de la ciudad.

También lo definen como:

> Una forma de organización, que respeta su forma tradicional y territorial de organización y sus diversas autoridades tradicionales. La identidad es definida como el proceso cuando un sujeto pertenece a un pueblo definido como el pueblo mapuche, como puede ser mestizo o champurria, es la toma de conciencia de sus derechos conculcados por la nación chilena, que ha sistematicamente atropellado sus derechos, como individuo sujeto a su identidad [Entrevista a Novena Resistencia, 2017].

La agrupación define la libre determinación como "un derecho histórico conculcado por el Estado Nacional chileno desde su conformación. Porque el pueblo mapuche en su territorio siempre gozó de autonomía y libre determinación, nuestro valor más alto es el derecho a autodeterminarnos" [Entrevista a Novena Resistencia, 2017].

El derecho es entendido como valor intrínseco a los pueblos, sin embargo, el estado nación chileno:

> Se ha negado el derecho a la educación, salud, a los recursos naturales, del suelo y subsuelo, que han sido expropiados, confiscados, por los grandes grupos económicos trasnacionales, que siguen operando dentro del país llamado Chile, donde el mapuche y el pueblo chileno tienen derecho a la tierra [Entrevista a Novena Resistencia, 2017].

Titerike como agrupación enfatiza una serie de nociones propias relacionadas con el mundo cultural a partir del pensamiento Zen: "las teorías pueden influir en el pensamiento social, en la acción política y en las políticas públicas".

Las nociones que rescatan son: *territorio/ser/humano/individuo/necesidad/sentido de vida*:

> Para nosotros el territorio es el ser humano, no lo concebimos como una zona geográfica, al decir de Borges 'mi país son mis zapatos'. El ser humano es el territorio donde se instala y encuentra arraigo, es su territorio. No es el territorio el que lo define porque de ser así pierde su autonomía, su independencia, su libertad y comienza a ser funcional a las necesidades de ese territorio. Sería sometido a intereses externos. De acuerdo a las conversaciones que he tenido con gente mapuche no es una lucha por un territorio sino por la identidad como pueblo, esté donde esté se le respete por lo que es, aunque viva en Santiago o Arica. El hecho de ser mapuche determina su territorio y su identidad. Requiere reconocimiento y res-

peto fuera y dentro del territorio. Para nosotros el territorio parte del reconocimiento del ser humano como individuo como ser social, con deberes que por el sólo hecho de ser humano, no importa su raza, la familia de donde venga, no importa la zona geográfica donde esté. Por el hecho de ser humano requiere salud, vivienda, espacio para la expresión. Titerike busca que la gente se dé cuenta de eso [Entrevista a Titerike, 2017].

La agrupación concibe las políticas sociales y culturales pensadas en el ser humano como centro, no por el interés socioeconómico, ni biológico o supersticioso. Todo debería ser a escala humana. La autodeterminación define a la persona como es y ella, por el hecho de ser y estar en el mundo, define su territorio. Cuando encuentra un sentido de vida y decide qué es lo que quiere hacer, busca la complementariedad, la asociatividad.

Tras esta reflexión, quedamos descentrados de un territorio de acuerdo a la constitución del '80 en Chile. Es más, quedamos despiertos al sentido complejo de ser + identidad = territorio. El concepto de identidad no está cerrado por una ubicación geográfica desde esta perspectiva, entendiéndola como una estrategia, concepto que recibe múltiples interpretaciones, más aún en el idioma español, sumándole a esto el contexto de la enunciación e interpretación.

Volviendo a Silva en el contexto actual de la realidad múltiple y compleja sobre estas narrativas identitarias:

> Muchas de esas narrativas paradójicamente, en un mundo abierto, tienden a encerrarse en discurso e imágenes, que, desde una visión binaria, se atrincheran en una poción sobre la identidad como rechazo al otro o a la diferencia cultural (...) El entre, los inters-

ticios, los espacios liminales o tercero-espaciales, tensionan las relaciones binarias y las ponen en cuestionamiento. (...) Los cambios tecnológicos, sociales y comunicativos de finales del siglo XX y principios del siglo XXI parecen poner todavía más evidencias en estas tensiones (Silva, 2013, p. 14).

Es lo que nos hace reflexionar Titerike, la necesidad de huella en cada uno, lo que vivenciamos, los costos de ser diferentes e idénticos entre nosotros, una actitud del nómade, del artista medieval a la deriva, observando el simulacro de la modernidad, como llamándonos a la tierra en la que nacimos y que nunca dejamos de respirar.

Educación Popular/ Comunicación/ Culturas

A partir de la perspectiva de la educación popular liberadora, la comunicación para el desarrollo intercultural en la región de la Araucanía, las agrupaciones culturales de comunicación desempeñan un rol fundamental de liderazgo en sus comunidades de pertenencia. No son pocas las perspectivas disciplinarias que dialogan a la hora de confrontar la realidad para la emancipación de las propias comunidades de comunicación ante un sistema hegemónico imperante que las atomiza, margina y en la mayoría de los casos las usufructúa para fines comerciales o promocionales.

Es por eso que iniciamos este marco teórico con la reflexión sobre la práctica, siendo conscientes de que la mayor parte de las veces nos encontraremos con dificultades imperantes que no respalda el sentido último de nuestra propuesta emancipadora. El marco ético-político abre el debate para cuestionarnos todos hasta qué punto colaboramos con dichas agrupaciones en favor de aquellos que buscan nuevas formas de movilización social reivindicando sus Derechos.

Los medios de comunicación local, las agrupaciones culturales y artísticas; las radios comunitarias, etc., juegan un rol fundamental para el desarrollo local sustentable. En términos generales, se definen en función de un mecanismo de poder social según la manera en la que se constituyen en observatorios de aquellas informaciones descontextualizadas, lejanas, homogeneizantes que se transmiten a través de los medios masivos y poderes fácticos que consumen grandes grupos de poblaciones considerados en los años 80 y 90 como las masas.

Dichos medios masivos antiguamente -ahora medios a secasson los portavoces de la oficialidad y construyen imaginarios estándares para la imitación de conductas que fortalecen el consumismo y mantienen el statu quo de una sociedad capitalista en el marco de un sistema neoliberal.

Estas ideas son fomentadas por el mismo Paulo Freire quien insiste en la aceptación de lo "existente y lo dado" como lo que debe ser. Para Freire (1970) no existe el horizonte utópico capaz de indicar que indique el futuro a construir siempre que arranque a los hombres del timón de la historia en cuanto a posibilidades de inventar un futuro diferente del presente. La posibilidad de hacer cambios está dada, incluso de forma "intrasistémica" ya que no logran cambiar aspectos sustanciales de lo existente. Lo que parece realmente paradójico es que lo "neutro" adquiere un carácter ideológico y político a favor del mantenimiento del status quo.

Las comunidades a través de la comunicación logran centrar sus in-formaciones creadas colectivamente a partir de la vivencia social, política y cultural desde la cotidianeidad con el fin de fortalecer los lazos sociales, y profundizar el capital cultural y social que enriquece sus propios procesos liberadores, el sentido de pertenencia e identidad. Se trata, en el fondo de la búsqueda de una vida feliz, a partir de la constitución de nuevas posibilidades en las que la voz popular e indígena logre expresarse de manera autónoma, desde sus espacios, al menos desde los medios que ellos mismos logran protagonizar im-pactando su contexto local y creando oportunidades para la población.

Muchas de estas comunidades han logrado alcances más allá de sus fines iniciales fomentando la creación de ámbitos pedagógicos de formación cultural para el desarrollo de la información y los servicios locales, el fomento artístico y los lazos interculturales.

La agrupación *Novena Resistencia (9R)* distingue la educación a partir de dos conceptualizaciones. Por un lado "el derecho a la educación mapuche propia o a la educación popular o libertaria" nos dice la agrupación, y por otro,

> qué tipo de educación, bajo un colonialismo histórico, donde el Estado sigue sometiendo a la población a una educación conformista, clasista. Lamentamos decir que el movimiento estudiantil no ha puesto en discusión las líneas de educación experimental o haber replanteado qué tipo de educación se requiere. Consideramos que todas las formas de educación son válidas. No estamos de acuerdo con un tipo de educación institucional impuesta a la fuerza hasta hoy [Entrevista a Novena Resistencia, 2017].

Conculcación, de decir, "la negación a los diferentes pueblos que habitan los territorios", también entendida como la doctrina de la negación, es decir, "el Estado ha implementado la noción del enemigo interno". El concepto de autogestión es asumido como un "derecho irrenunciable desde el cual las organizaciones que poseemos claridad sobre la organización popular, podemos autogestionar nuestros propios recursos para no depender de los recursos que entrega Estado que está en contra las formas de operar de las organizaciones y sus luchas políticas" [Entrevista a 9R, 2017].

Respecto a la educación, *Rukarelmu* dice sentir:

> Más afinidad con la educación popular, porque creemos que el proceso de aprendizaje se debe expresar en prácticas y también tiene que estar ajustado al contexto. Entonces nuestra dimensión educativa tiene que ver con poner al servicio experiencias de a-prendizaje temáticas vinculadas con los temas que nos interesan a los diferentes integrantes de la agrupación y al mismo tiempo que esto sirva a nuestra comunidad de origen que es Angol y la cordillera de Nahuelbuta [Entrevista a Rukarelmu, 2017].

Nos adscribimos a una mirada de educación popular tal como expresa Wenceslao Moro (2003), siguiendo el legado de Freire que es una corriente política educativa latinoamericana construida históricamente en el contexto neoliberal. Estos aspectos inciden directamente en la identidad afectada por la realidad histórica y socio-política. La lucha contra las dictaduras y los procesos de democratización, los gobiernos revolucionarios y el énfasis en los pueblos originarios han sido características propias de la educación popular. Muchas organizaciones independientes han asumido esta postura.

Por su parte Tedesco -citado por Mario Kaplún- expresa que:

> En abril de 1991, en Quito, los ministros de Educación de América Latina y el Caribe, congregados en la IV Reunión del Comité Intergubernamental del Proyecto Principal de Educación, acordaron la necesidad de adoptar "una nueva estrategia educativa" orientada a "responder a las demandas y necesidades sociales (y a) los acelerados cambios que tienen lugar en el campo económico,

científico, técnico y cultural" (Tedesco, 1991) [en Kaplún, 1998, p. 237].

Pues bien: de acuerdo con las conclusiones de la reunión, esas demandas sociales básicas que la nueva estrategia educativa debe atender incluyen, en lo que concierne a la formación de los educandos, "la necesidad de acceder a la información, la necesidad de pensar y expresarse con claridad, la necesidad de resolver problemas y la de vincularse con los demás (p. 237)".

Si bien refiere a la educación como gran disciplina sabemos que los movimientos sociales de los cuales las agrupaciones forman parte protagónica constituyen situaciones de emancipación a partir de la impronta pedagógica. Hay tres aspectos, al menos que no podemos desatender. En primer lugar:

> Se demanda la formación de un sujeto con capacidad para resolver problemas nuevos, esto es, de mente creativa y crítica, capaz de autoaprender y de adaptarse a conocimientos cambiantes. No se menciona, en cambio, el suministro de conocimientos específicos para desempeñar determinados puestos de trabajo y adaptarse a la estructura del empleo. Es que con la actual aceleración de los cambios tecnológicos, deja de tener sustento el mito de la «salida laboral» de los estudios: ya no es posible predecir a qué tipo de trabao tendrá que enfrentarse el educando cuando ingrese en el mercado ocupacional y cuántas veces ese trabajo se modificará a lo largo de su vida activa (Kaplún, 1998, p. 237).

En segundo lugar: "se requiere el desarrollo de la aptitud para vincularse con los demás; vale decir, la formación de un sujeto eminentemente social. Y, finalmente, la capacidad para pensar y expresarse" (Kaplún, 1998, p. 237). Nótese que ambas aptitudes aparecen unidas, enun-ciadas juntas, como integrantes de un mismo binomio.

Ciertamente, Vygotski se habría adherido a esa aleación. Como puede apreciarse, unos requerimientos bien distintos a los que atiende y está en condiciones de atender la matriz individualizada; y que, contrariamente, parecen estar reclamando una visión pedagógica y metodológica sustancialmente diferente. Tanto o más digna de atención desde el lugar de la comunicación educativa resulta una afirmación de Federico Mayor Zaragoza, director general de la UNESCO hasta el año 1999. Si bien antiguamente las habilidades comunicativas fueron reconocidas como parte del desarrollo, durante la década de los 90 se reconocen como una condición previa y se las define como:

> El dominio de las destrezas comunicativas, la posesión y apropiación de los signos, el desenvolvimiento de la capacidad de expresarse y de comunicar -o, en síntesis, para usar la expresión acuñada por Habermas, la adquisición de la competencia comunicativa- aparecen afirmados como exigencia fundacional en la formación de los educandos; como cimiento mismo del proceso educativo (Kaplún, 2012, p.5).

Es aquí donde se consolida progresivamente nuestro punto de partida que, en palabras del argentino Jorge Huergo (2006), se devela que:

> Cuando producimos acciones estratégicas tenemos -seguramente- claridad acerca de lo

que queremos comunicar: algún contenido, una problemática, una experiencia, toda una materia, algunos saberes... Pero con eso no basta. Necesitamos conocer al destinatario de esa acción estratégica, a nuestro interlocutor. Necesitamos conocer y reconocer sus prácticas socioculturales. Nuestro interlocutor es un ser de carne y hueso, un ser situado en una comunidad cultural, con una historia, con determinados saberes y prácticas incorporados, con modalidades particulares de expresar (a través del lenguaje) sus experiencias. (....) Esta investigación, instalada a partir de la perspectiva educomunicacional, busca que la "comunicación/educación, produzca acciones estratégicas" con "al menos, dos procesos: el de reconocimiento del universo vocabular y el de prealimentación de las acciones estratégicas (Huergo, 2006, blog).

Adherimos a la perspectiva freiriana a partir del reconocimiento del universo vocabular o del universo temático de los otros. Esto significa una posición política. Las estrategias han sido consideradas como los medios a través de los cuales llevar un poco de orden, racionalidad y claridad, en términos de "conciencia crítica" a las prácticas socioculturales de las agrupaciones de La Araucanía, que para la institucionalidad parecen estar desordenadas o ser irracionales, en tanto, no válidas, o no consideran aunque permanezcan ligadas estrechamente a la sensibilidad y al entendimiento de los miembros de cada comunidad en su contexto.

En su sentido más estricto, la estrategia es un término tomado de la teoría de la guerra y enunciado por Von Clausewitz. En este marco, la estrategia es combinar los encuentros aislados con el enemigo para alcanzar el objetivo de la guerra (Von Clausewitz, 1994, p. 102); en otras palabras, la estrategia traza el plan de la guerra (Von Clausewitz, 1994, p. 171), cuyo objetivo abstracto es derrotar/desarmar las fuerzas militares, el territorio y la voluntad del enemigo (Von Clausewitz, 1994, p. 52), pero en el marco del pensamiento de Freire.

Las estrategias de comunicación/educación de este modo adquieren otro sentido político, ya que Freire propone trabajar con el otro en la búsqueda de sus propias formas de organización, y no ya "para el otro" (lo que significaría trabajar "sobre" o "contra" el otro). De allí que, en esta línea política, desarrollar trabajos o acciones estratégicas de comunicación/educación, significa hacerlo con los otros. Y hacerlo de este modo, significa partir del conocimiento de las prácticas socioculturales de nuestros interlocutores, partir de lo que él llama "el conocimiento y reconocimiento del universo vocabular".

Huergo, citando a Freire, explica el concepto de la búsqueda del universo vocabular y sus finalidades:

> El estudio del universo vocabular recoge no sólo los vocablos con sentido existencial, y por tanto de mayor contenido emocional, sino también aquellos típicos del pueblo: sus expresiones particulares, vocablos ligados a la experiencia de los grupos, de los que el educador forma parte. (...) Las palabras generadoras deberían salir de este estudio y no de una selección hecha por nosotros en nuestro gabinete, por más técnicamente bien escogidas que estuviesen (Freire, 1967) [en Huergo, 2006].

La argumentación que sostiene el autor se basa en:

> la realidad de la que dependemos, en la conciencia que de ella tengamos educadores y educandos, buscaremos el contenido programático de la educación. El momento de esa búsqueda es lo que instaura el diálogo de la educación como práctica de la libertad. Es el momento en que se realiza la investigación de lo que llamamos el universo temático (o temática significativa) del otro o el conjunto de sus temas generadores: (...) un conjunto de ideas, concepciones, esperanzas, dudas, valores, desafíos (...). La representación concreta de muchas de estas ideas, de estos valores, de estas concepciones y esperanzas, así como los obstáculos al ser más de los hombres, constituyen los temas de la época (Freire, 1970) [en Huergo, 2006].

El autor insiste en que para "Freire, el "universo vocabular" es el conjunto de palabras o el lenguaje con que los sujetos interpretan el mundo. Mientras que el "universo temático" contiene los temas y problemas que son más significativos para los educandos, y que tienen relación con los temas preponderantes en una época. En la importancia de leer y el proceso de liberación (Freire, 1986), incluye en el universo vocabular los lenguajes, las inquietudes, las reivindicaciones y los sueños de los sectores populares. El universo vocabular, aquí, está cargado de la significación de las experiencias existenciales del interlocutor (no de las del comunicador/educador). Dice Huergo que para comprender y conocer el:

> Campo de significación del otro, al que necesito escuchar para que mi material sea significativo para él (y así lograr un aprendizaje significativo), está entonces compuesto por

dos dimensiones: 1. La dimensión de los saberes y prácticas previas del educando o de mi interlocutor; 2. La dimensión de los lenguajes y códigos propios del educando o el interlocutor (Huergo, 2006).

Según lo expresa Freire -en Huergo, 2006- con el conocimiento del universo vocabular no basta. Es necesario un reconocimiento del universo vocabular de los interlocutores.

Desde el punto de vista pedagógico, hemos abordado los conceptos básicos de educación popular desde la comunicación, una breve mención a su historia y autores de referencia, también debemos agregar que son varios los paradigmas que se identifican con la misma, y que de una u otra forma existen relaciones entre estas prácticas educativas y la emergencia de movimientos sociales.

Esto contribuye con el descubrimiento de los aportes de la investigación participativa y la pesquisa-intervención, que recogen en el ámbito de la construcción de conocimientos científicos los cuestionamientos al paradigma científico moderno. Nuestro acercamiento a las comunidades en comunicación de la Araucanía instala las reflexiones en torno a sujetos populares que desde el punto de vista sociológico se plantean algunas hipótesis y discusiones sobre las corrientes críticas de los movimientos sociales para pensar la experiencia latinoamericana en relación con otras corrientes de estudio como la movilización de recursos y la elección racional.

> El neoliberalismo impone su lógica mediante la oferta del modelo individualista y consumidor: seres aislados, anónimos, poderosos y exitosos. Mientras tanto, el carácter dinámico y social del sujeto popular, no sólo se resiste a estas prácticas, sino que también gana las 'negociaciones' silenciosas con el mercado, mediante la

'invisibilidad' transitoria [...] Son vastas las prácticas populares de la comunicación realizadas por los sujetos (Díaz, 2009, p.82).

Este trabajo requiere la confianza de los actores, protagonistas, en sus contextos y dentro de sus relaciones y organizaciones humanas y complejas de historicidad, se declaran populares en práctica y/o en prácticas discursivas. No somos nosotros quienes lo tildamos o etiquetamos con ese adjetivo calificativo, sino que ellos mediante sus reflexiones, meditaciones, análisis, diagnósticos y síntesis, se declaran populares.

En el segundo marco de análisis inscribimos a la agrupación *Huitral Mapu*, quienes desde Curacautín desplegaron las palabras: *Validación*:

> Para nosotros la validación como agrupación cultural es de vital importancia descubrir el quehacer de cultores curacauti-nenses que muchas veces buscan espacios y oportunidades que no es conocido apostando a la integración de estos para el enriquecimiento de la cultura [Entrevista a **Huitral Mapu, 2017**].

Conciencia, que es "hacer que la gente a través de las expresiones artísticas tome conciencia de temas tan sensibles de la contingencia como acá en nuestro caso, el tema del río y el medio ambiente y temas de actualidad en general". *Programa*, lo que significa "calendarizar actividades que sean de interés para la comunidad que también muestren la contingencia y la actualidad de los diversos temas expuestos." *Gestión*, entendida como, "lograr los canales de contacto para la organización de actividades con los cultores locales y traer a la comuna actividades de interés". *Arte*, que es "poner el arte en todo el quehacer de la comuna, acercarlo al cotidiano, reconocerlo en todos los cultore". *Patrimonio*, ya que desde la agrupación,

> Se ha preocupado durante su vida de conocer, difundir aprender el tema del patrimonio local, tanto arquitectónico, como de sus tradiciones y también de lo intangible, como la recopilación de leyendas, cuentos, canciones y, promover estos encuentros o hallazgos es lo que han hecho a través de discos, a través de boletines, que poseen la disposición [Entrevista a Huitral Mapu, 2017].

También destacan el concepto de *Educación* a partir de las diversas actividades, no sólo para que se vean atractivas, sino también para reflexionar profundamente sobre ellas, "para abrir conciencia y desde ahí educar", explicó la agrupación.

Otra noción es la *visibilización* que es entendida como las "diferentes situaciones que acontecen, buenas y malas, hemos estado muy comprometidos con la defensa de los ríos; visibilizar lo que sucede a nuestro alrededor, compartirlo con la gente" [Entrevista a Huitral Mapu, 2017].

Por su parte, en la misma provincia, la agrupación *Los Coigües* usa la palabra *réplica*:

> ¿Que es lo que queremos nosotros?: replicar lo aprendido. Queremos trabajar a nivel de Victoria con más instituciones y trabajar para el arte y la cultura, obviamente, pero eso no se ha logrado, por años aquí, hay un cierto celo para trabajar ponte tú con la Municipalidad o te copian las ideas y se las embarcan para ellos, que nos ha pasado o simplemente no te agarran. Yo pienso si se tra-

> bajara en conjunto sería más entretenida la ciudad, porque aquí es muy dormida, es muy apática la gente, entonces si trabajara en conjunto sería mucho mejor, y llevar la cultura a los barrios, porque si algún día tienes la oportunidad de venir al centro cultural verás que es inmenso, muy bonito, pero irán unas 10 personas a unas 15 personas, cuando los citas a nivel de ciudad, entonces la idea sería trabajar en conjunto con todos los grupos que trabajan aquí, que hay muchos [Entrevista a **Los Coigües**, 2017].

La agrupación realiza talleres de batucada que son denominados *viajes*, porque se imparten en diversos lugares:

> Se conocen ciudades y culturas. Por la Municipalidad conocimos las diferentes comidas mapuche, las rucas, cómo se construyen, su música, etc. La Araucanía es hermosa. Tiene mucho, mucho arte indígena. Hemos hecho taller de telares también, es increíble, en Nueva Imperial, por ejemplo, se confeccionan estructuras tan bonitas que te sorprenden. Le dan continuidad a los saberes originarios [Entrevista a **Los Coigües**, 2017].

En la misma comuna habita la agrupación Oveja Verde, cuyas nociones como "reciclar el viejo pensamiento", en el sentido de rescatar antiguos valores, permitían una mejor coexistencia entre las personas, la recuperación de la memoria social, de la historia y costumbres de sus integrantes, de manera de generar un "circuito de reciclaje participativo". Sin embargo, estas expresiones nacen de la práctica de quienes llevan adelante los ideales de Oveja Verde, focalizados en el "cuidado del medio ambiente". Estas actividades que favorecen el buen vivir en términos de Quijano (2014), también sostienen la defensa de aspectos valóricos como la "diversidad y la tolerancia", así como también el "intercambio cultural", con la llegada de extranjeros que alojan en su "casa abierta", fomentando la "educación comunitaria". Se trata de la proyección de la casa "Earthship" autosustentable y las ideas de Michael Reynolds[7]:

> Se busca rescatar valores humanos. Se recicla principalmente botellas plásticas y latas, estos son los pilares para la protección del medio ambiente. Básicamente, 'toda la actividad de la organización practica integralmente el cuidado al medio ambiente. Se incluye a todas las personas de todas las edades: adultos, jóvenes, niños, etc.; y de otras organizaciones y talleres comunitarios. Busca la inclusión de voluntarios del mundo *woofing*. Tiene el ejemplo vivo del cómo reciclar, reutilizar y reducir. Es el enfoque del trabajo que realiza la organización [Entrevista a Oveja Verde, 2017].

Por su parte una cita de Llyod/Tohomas nos indica que:

> El Estado, en sí mismo es una especie de abstracción universalizante con respecto a la sociedad, en este modelo es cada vez más antagonista de las culturales sociales y políticas propias de los movimientos sociales ra-

---

[7] Michael Reynolds es un arquitecto de Nuevo México, reconocido por el diseño y la construcción de casas solares pasivas "terrestres" denominadas *Earthship*. Es un defensor de la "vida radicalmente sostenible". Ha sido el precursor de muchos proyectos de casas sustentables en varios puntos del planeta.

dicales, en la medida en que éstas dependen de la articulación de prácticas locales y particulares formando un movimiento móvil y descentrado (Lloyd/Thomas, 1998, p. 125).

Más aún cuando esta organización civil inició el proyecto de circuito de reciclaje, para vivir en una comuna responsable del medio ambiente, diversa y tolerante, mediante intercambio cultural, en una casa abierta con una educación comunitaria, liderando un proceso local, con la capacidad de:

> Determinadas personas de convocar y articular procesos de acción colectiva alrededor de objetivos comunes. La capacidad de ejercicio de liderazgo no sólo viene determinada por condiciones innatas, sino por el desarrollo de determinadas competencias y la generación de condiciones para su desarrollo. Lo que justifica el diseño y la implementación de intervenciones orientadas hacia su fomento en diferentes tipos de realidades y espacios, incluidos los locales [Entrevista a Oveja Verde, 2017].

Las nociones desplegadas desde los medios de comunicación las vemos desde *Radio Ercilla*, que son entre otras: "comunidad" refiriéndose a toda la gente que está y "que vive, que reside en la comuna", donde habitan personas que viven en la comunidad "y que no están metidas en organizaciones, ya, que no están metidas en redes, entonces estas personas también se informan, se entretienen, a través de la comunicación que sería la radio, y así", explicó con entusiasmo, el Sr. Oliver Segal, responsable de la radio.

Las escuelas están en la radio y así, nace como medio:

> Son los liceos donde se entrega educación, que participan con la radioemisora, vienen los niños a contar sus cuentos, ahora hace poco hicimos un video de un curso que tenía que presentar un video sobre una temática, la música está hecha así. Porque como por ejemplo, esto mismo es una forma de poder informar a la comunidad; apoyando así a la parroquia, "que vaya a hacer tal o cual cosa, que va a celebrar el Mes de María [Entrevista a Radio Ercilla, 2017].

Por lo tanto, lo consideran también un servicio espiritual para la gente: "claro, que en este momento están siendo velados los restos de tal o cual persona y que van a ser trasladados después de la Misa que va a ser a determinada hora", detalló el Sr. Oliver.

Ellos informan qué días van a tener encuentros deportivos en qué cancha lo van a tener, cuál va a ser la movilización que va a haber y quiénes van a cancelar cuotas o no.

> Existe un programa de fe evangélica que sale los días viernes y donde hay mucha gente que llama y pide que recen por ellos, por sus enfermos, informa que va a haber una vigilia, se llama cuando se amanecen rezan-do. Las organizaciones comunitarias, -como por ejemplo hoy día estamos trabajando-, estamos digo, porque yo también estoy metido en la mesa, en la mesa territorial, que es donde están todas las organizaciones trabajando con el FOSIS, el fondo de solidaridad de inversión social, entonces yo llamo a las organizaciones para tal o cual reunión,

> tal o cual día en que hay que entregar una encuesta como por ejemplo hoy que hay que llevar un aporte para hacer una conversación tipo once o para que lleven ideadas o creadas alguna imagen o celebración de tal o cual cosa, como por ejemplo la fiesta de la primavera [Entrevista a Radio Ercilla, 2017].

La radio es como la antena que une a la comunidad, es como una araña con distintas patas que llega a distintas partes. Hay muchas arañas buenas, las que se comen las moscas y hay otras malas también. "La comunicación es como el centro, que une a la comunidad con las personas, las organizaciones, las escuelas, la parroquia y los clubes deportivos" [Entrevista a Radio Ercilla, 2017].

> Consideramos que las instituciones no optan por problematizar el concepto de comunicación, sino más de administración de redes, de acuerdo a las necesidades del mundo público y privado, cuando la comunicación es la cuestión del otro' y no desde el centro de sí mismo (Wolton, 2010, p. 83).

La agrupación *Alapinta* agrega nociones como el *modelo participativo*, en el área de los colegios, la libre expresión, la generación de murales y arte público: "Street art":

> A partir de juntarnos como un grupo de personas y poder dar al imaginario colectivo, juntos armar el contenido del mural y puede ser de diferentes contenidos como la parte superior de arriba que se pueden tratar en los murales participativos, escuchar a la gente

sus ideas, lanzar lluvia de ideas, y luego elaborar juntos los conceptos principales, las ideas, hacer volar la imaginación, la historia, la identidad, la memoria, los sueños, salen a partir de las experiencias que nos va contando la misma gente, intereses y deseos, la idea es escuchar la voz del pueblo y nosotros ser oidores y poner nuestro talento al momento de generar murales a partir de la historia de ellos [Entrevista a Alapinta, 2017].

Entendemos el colectivo de pintores Alapinta bajo el eje de comunicación y cultura ya que realiza su trabajo en espacios públicos donde se han desarrollado desde su formación. En su Grafo Léxico desplegó 33 palabras, las que gráficamente fueron desde el centro del esquema estableciendo conexión hacia arriba y hacia abajo, en cuadros que van desde el mayor al menor tamaño y donde estratégicamente definió tan solo 3 grandes conceptos o categorías, el primero es: murales participativos, del cual se desprenden grupos sociales y colegios. En dirección hacia abajo establece conexión con libre expresión y que a su vez van en dirección a: murales, grafiti y *street art* y más abajo, hacia diversidad de contenidos en el siguiente orden: humor, crítica social, esperanza, identidad y medio ambiente.

Por actividades culturales se entienden: "Conjunto de prácticas relacionadas con algún ámbito del arte y la cultura, a la que un individuo dedica tiempo y recursos (creativos, materiales, intelectuales, económicos, etc.) de manera regular" [Entrevista a Alapinta, 2017]. Definen murales participativos como:

Generar murales, arte público, *street art*, a partir de juntarnos como grupos de personas y poder otorgar así al imaginario colectivo, poder juntos armar el colectivo del mural, los que pueden ser de diferentes contenidos, como en la parte superior de arriba

> que se pueden tratar en los murales participativos; escuchar a la gente sus ideas, mediante lluvia de ideas, y luego elaborar los conceptos principales, hacer volar la imaginación, la historia, la identidad, la memoria, los sueños. Todo sale en base a la experiencia que nos van contando la misma gente, intereses y deseos; la idea es ser la voz del pueblo y nosotros los oidores y poner nuestro talento para hacer murales a partir de la historia de ellos. Después hacemos los bosquejos y los pintamos en conjunto con la gente; la primera etapa es de coloreado y después hacemos la etapa final que es más técnica. [Entrevista a Alapinta, 2017].

El segundo concepto que se definió es *colegios* que se entiende como una línea de trabajo ya que según cuentan es desde la institución escolar que se les acercan:

> Se interesan bastante en esto, entonces lo comprendemos como un modo de educar, de compartir la enseñanza, de una manera más atractiva; a través del arte expresamos lo que a ellos les interesa y eso es bueno porque meditan, piensan y generamos juntos algo con una estética interesante, con un contenido y con una técnica innovadora, ya que a través de los espacios públicos se representan los jóvenes, es más atrayente [Entrevista a Alapinta, 2017].

Por último, *la libre expresión*, concepto que aglutina a murales, grafitis y Street Art, hacia la idea fuerza de diversidad de contenidos (humor, crítica social, esperanza, identidad, medio ambiente). La definen como las situaciones más libres o espontáneas al interior del grupo o cuando realizan los ejercicios personales.

> Tiene que ver cuando salimos con nuestros materiales y pintamos donde queremos, ya sea, en lugares públicos, lugares escondidos o abandonados; con permiso o no, legal o ilegal. Con un spray, de manera relajada, tranquila, a la hora que quieras, sin compromisos con nadie, más que con uno mismo: expresar una idea, rabia o conceptos, es el relajo del grafiti, compartir, reír y disfrutar [Entrevista a Alapinta, 2017].

Tal vez es la expresión más genuina que la agrupación tiene dentro de sus tiempos. No obstante, también es importante reconocer palabras como identidad, historia, memoria. Identidad territorial a la vez, se entiende como al conjunto "de rasgos y manifestaciones relacionados con el hábito de una persona, entendido como un espacio construido por variables geográficas y sociales". En este caso, lo que desarrolla A La Pinta es reconocer las identidades, ponerlas en prácticas en claves estéticas y emplazarlas en lugares públicos, ganando así espacios o territorios urbanos visibilizados o no, mediante estrategias diversas.

Cultura

Rebellato (2000) profundizaba en la noción de cultura en el contexto neoliberal: "La cultura es un concepto complejo de no fácil definición (…) se encuentra estructurada en torno a relaciones sociales y redes comunicativas. Supone la conjunción de distintos elementos que conforman una visión del mundo, del entorno y de los demás. Resulta inseparable del reconocimiento o la negación de las propias potencialidades" (Rebellato, 2000, p.168).

La cultura la define como una matriz que involucra comportamientos, actitudes, valores, códigos de lenguaje y hábitos. En todos los niveles de interacción se reproduce en la sociedad las relaciones de dominación-dependencia, que adquieren una fuerza en la forma de actuar muy particular desde la cotidianeidad afectando las macro estructuras sociales. Para Rebellato no somos libres, sino que reproducimos de forma permanente dichas estructuras de dominación. La cultura mirada desde el actor social inmerso vocacionalmente en las comunidades populares, a partir de una matriz ética que el filósofo denomina "práctica comprometida" y exige un claro proceso de conversión y desestructuración:

> el intelectual que quiere partir de una práctica comprometida con los sectores populares debe pasar por un verdadero proceso de conversión y desestructuración. Una determinada formación académica ha reforzado en nosotros la identificación de la cultura con el conocimiento (Rebellato, 2000, p.168).

Cuando *Rukarelmu* habla de cultura; se refiere a todo aquello que se produce en un determinado territorio, es decir:

> Las expresiones artísticas, las expresiones populares, la forma de identificarse con los lugares, con el entorno natural, con el entorno social o físico. Y en este conjunto de formas y expresiones, también sabemos que hay una cultura dominante que es la que de alguna manera estamos nosotros confrontando a través de las sutilezas en nuestras propias definiciones y acciones en lo cotidiano en nuestro territorio [Entrevista a la agrupación Rukarelmu, 2017].

La cultura es aquella de la que formamos parte, y le entrega de una u otra manera en la que prima la racionalidad instrumental, que excluye discusiones sobre los fines últimos y el sentido de la acción. La articulación entre la acción y la reflexión cobra sentido y cuestiona dicho reduccionismo, en la medida en que somos capaces de buscar construir la conceptualización amplia y comprensiva de poner en tela de juicio la instrumentalización del ser humano. La acción y la reflexión desde la dimensión ética y subjetiva inmersa en sectores populares, se convierte en prácticas discursivas.

Titerike sostiene que las organizaciones deben saber lo que quieren y no estar regidas por ideas o decisiones de otros, especialmente de otras realidades. Por ejemplo, la educación en Finlandia es muy buena, pero no la podemos aplicar acá. Finlandia está bajo la nieve 8 meses durante el año, donde su población equivale a la población de la región de Antofagasta, donde los niños crecen en ambientes cerrados por el frío. Entonces, es otra forma de vida, por lo tanto, las medidas deben aplicarse con ese conocimiento de la realidad.

> Las personas se dan cuenta que deben ser consideradas por lo que son, no por lo que dicen, de acuerdo a los que ellos quieren, no lo que les dicen querer tener, ahí se produce un cambio. Entonces esa revolución interna que no es superior a otro por tener. Para nosotros el individuo es el territorio. Las casas deben construirse en base a las personas no en el terreno donde se quieren construir. O a quién vamos a educar, no cuánto vamos a ganar por eso. Hay que fijarse qué vamos a sanar, no en qué enfermedad vamos a sanar [Entrevista a Titerike, 2017].

Políticas / Cambio Social / Identidad/es

El orden de la cultura y el cambio social son las nociones que Bajoit (2010) explora desde una mirada compleja. Se trata de otra concepción del cambio social:

> la mayoría de los sociólogos de hoy siguen encerrados en una matriz de pensamiento. Sin embargo, a muchos de nosotros, estos paradigmas nos parecen, ahora, demasiado estrechamente ligados a la historia (y a las ideologías) de los grandes actores de las sociedades industriales: el Estado nacional (nacionalismo), la burguesía liberal (liberalimo), el partido revolucionario (comunismo) y el movimiento obrero (social democracia). Sobre todo, cada una de estas tradiciones sociológicas privilegia un solo factor explicativo del cambio, y esta manera de pensar nos parece muy reductora, muy simplificadora (Bajoit, 2010, p.5).

El Movimiento Cultural no rígido *ARPPA*, no estático: (Abajo 'e la línea) rescató entrega, apertura de pensamiento frente a conceptos como: "Identidad Local, Rescate Komunidad, instituciones varias, catastro de recursos humanos, territorio, desigualdades sociales y económicas" [Entrevista a ARPPA, 2017].

Por su parte, *Arauko Malloko Kautín*, de acuerdo a un esquema visual holístico, define tres conceptos clave. La primera es: "tolerar posiciones individuales respecto a la música que se va componiendo". Otro concepto definido fue solidaridad en el trabajo, definida como estrategia, o sea, "desde adentro para afuera y afuera para adentro" [Entrevista a Arauko Malleko Kautín, 2017].

Otra noción es auto educarse (aprender o investigar). Para esta agrupación musical se concibe como:

> Reconocer los hechos que están ocurriendo. Conocer la historia que ses consecuencia de las situaciones actuales. Conocer las historias de las comunidades cercanas a Temuco, trabajando en la historiografía de lo vivido desde 1881 hasta el presente, reconociendo como hito el Füta Malon, alzamiento vivido en el Sur, en Cañete y en Tirúa. Y en las batallas en la rivera del cerro Ñielol, específicamente en el fuerte Tucapel, donde participaron comunidades de Truf-Truf, Padre Las Casas, donde surgieron nombres de guerreras. Por eso es importante auto educarse. En la búsqueda del Trawun (encuentro o reunión) para consensuar ideas y focalizar el trabajo, evitando folklorizar a la cultura mapuche [Entrevista a Arauko Malleko Kautín, 2017].

La agrupación *Novena Resistencia* también aborda críticamente nociones como: Territorio, Identidad, Libre determinación (autonomía), Derecho, Educación, Conculcación, Doctrina de la negación, Autogestión, Pobreza y Rescate. *Novena Resistencia* presentó un estructurado esquema visual en el que se desplegaron 10 conceptos.

Uno de ellos es el de *pobreza* que refiere a la situación de vulneración:

> En donde el tercio de este país se lleva la peor parte de la distribución de la riqueza, en manos de cuatro familias Matte, Ange-

llini, Lucksic y otros empresarios. Cumpliendo con los objetivos propuestos por la organización el concepto de rescate, lo definen como: "el rescate a la organización popular en la historia del pueblo mestizo, en las grandes Chimbas como dice el histo-riador Gabriel Salazar, la idiosincrasia popular, de las barriadas, ahí nace el sujeto popular, del bajo pueblo. Además del rescate de la cultura mapuche, negada históricamente por el Estado nación chileno y puesta en valor de manera escarnecida [Entrevista a Novena Resistencia, 2017].

Identidad/es

El concepto de identidad es una de las claves fundamentales para comprender los cambios socioculturales que se están produciendo. Se origina, en ese contexto, el pasaje de la identidad a las identidades, porque la primera no debe concebirse como algo "uniforme, unitario u homogéneo" (Rodrigo, 2001, p. 76).

Los diferentes tipos de identidades "coexisten más o menos en confrontación, sin que pueda decirse que un tipo u otro de identidad sea mejor o más positivo que otros". Josetxo Beriain y Patxi Lanceros (1996) se refieren a las identidades colectivas. De esa forma, para estos teóricos, el proceso de formación de la identidad colectiva en las sociedades posmodernas no puede tomar como referencia una determinada imagen del mundo, ni el individuo debe enfrentarse a su identidad como si de un objetivo prefijado se tratara. "Lo que sucede más bien es que los individuos" forman "parte en el proceso de formación de una identidad sólo esbozable en común" (Josetxo Beriain y Patxi Lanceros, 1996, p. 33).

Rodrigo Alsina (2001) plantea que más que una identidad lo que se producen son procesos de pluralización de las identidades, mientras que en esta investigación se propone pasar de las identidades a las identificaciones culturales, considerando los procesos de subjetivación que las conforman y las líneas de fuga que en su propia inestabilidad vuelven impredecibles las mezclas culturales. A su vez, se problematiza el entre o intersticio por el que se trazan las identificaciones, tensionando, paralelamente, a las diferencias culturales, como différance (Rodrigo Alsina, 2001, 76). Por tanto, identidades, diferencias, mezclas híbridas, criollas o mestizas. Porque, como sugiere James Clifford, en estos tiempos "los productos puros están enloquecidos" (Silva, 2013, p. 25).

No obstante, Castells (2001) aclara que las identidades que comienzan como resistencia pueden inducir proyectos, "y también, con el transcurrir de la historia, convertirse en dominantes en las instituciones de la sociedad, con lo cual se vuelven identidades legitimadoras para racionalizar su dominio". Ninguna identidad puede ser una esencia, ni tiene, "per se", un valor progresista o regresivo, aislada de su contexto histórico (Castells, 2001, p. 30). "Un asunto diferente, y muy importante, son los beneficios de cada identidad para la gente que pertenece a ella" (Silva, 2013, p. 26).

La identidad para la resistencia, según la postura de Castells (2001), conduce a la formación de comunas o comunidades, y, también, según esta perspectiva, a su opuesto: la tribu. Analiza a la comunidad como homogeneidad y a la tribu como el mecanismo que des-estructura a la anterior. Para esta investigación, no pueden separarse tribus y comunidades, según el autor.

El tema de las tribus y de las comunidades es complejo, por ello se detiene en considerar el diálogo o conflicto cultural, considerando, además, una variedad y diversidad de acercamientos al tema. Tanto desde la filosofía (Agamben; Nancy; Espósito), desde la teoría crítica de la cultura de Georges Bataille, Maurice Blanchot y Jean-Luc Nancy como desde la sociología de Zygmunt Bauman (2002), el tema cruza, en estos tiempos, por las ciencias sociales y las humanidades y adquiere, no casualmente, actualidad.

Ingresando, en primer lugar, a la postura de Castells (2001), para el sociólogo la comunidad construye mecanismos de resistencia colectivos contra la opresión:

> La identidad para la resistencia conduce a la formación de comunas o comunidades (...) Puede que éste sea el tipo más importante de construcción de la identidad en nuestra sociedad. Construye formas de resistencia colectiva contra la opresión, de otro modo insoportable, por lo común atendiendo a identidades que, aparentemente, estuvieron bien definidas por la historia, la geografía o la biología, facilitando así que se expresen como esencia las fronteras de la resistencia (Castells, 2001, p. 31).

La respuesta a esta interrogante, que sólo puede ser empírica e histórica, determinará si las sociedades seguirán siendo tales o se fragmentarán en una constelación de tribus, a las que algunas veces se vuelven a llamar eufemísticamente comunidades (Castells, 2001, pp. 31-32).

Sin embargo, la ilusión de Castells es pensar en las comunidades como "la búsqueda de la seguridad en un mundo hostil", por decirlo en términos de Bauman (2002). Ahora bien, el término tribu, por su parte, puede referirse a una entidad no orientada ni finalizada.

Silva Echeto (2013) sostiene que la proxemia se remite por esencia a una noción primigenia de la "sucesión de nosotros", que refiere directamente a la base misma de la "socialidad" en función de una ética específica y en el contexto de una red de comunicación. Es a partir del sentimiento de pertenencia que se constituyen los "microgrupos" o de las tribus:

> Multitud de aldeas que se entrecruzan, se oponen, se ayudan mutuamente, sin dejar de ser ellas mismas. La concepción de las tribus es pertinente planteársela en las ciudades contemporáneas, donde éstas se han convertido en una sucesión de territorios en los que la gente, de manera más o menos efímera, se arraiga, se repliega y busca cobijo y seguridad (Silva, 2013, p. 29).

Por su parte, Bajoit (2010) habla de la mutación que concierne a las relaciones entre el empresario y el trabajador:

> Las empresas de hoy demandan otro tipo de trabajador: que sea más flexible en sus horarios (dispuesto a hacer horas suplementarias cuando se necesita); que acepte empleos atípicos con menos gastos de seguridad social (duración determinada, tiempo parcial, temporarios, falsos independientes, precarios); que sea más implicado en el destino de "su" empresa (más responsable, más autónomo, más creativo, más comunicativo); que se ponga metas a alcanzar y participe en evaluaciones regulares; que sea menos sindicalizado (contratos más individualizados); que sea también más formado técnicamente y dispuesto a recalificarse constantemente [...] (Bajoit, 2010, p.15).

CAPÍTULO III
ANÁLISIS DE LOS DISCURSOS
DE LOS COLECTIVOS

Lo comunitario y la transformación social

> Las organizaciones culturales comunitarias
> son los canalizadores de las necesidades
> y problemáticas de los territorios que representan.
> *(Movimiento Social ARPPA)*

Lo comunitario

Para los participantes de esta investigación (miembros de las diversas agrupaciones), lo "comunitario" es definido como la común unidad de los elementos que las organizaciones consideran comunes sobre los cuales se actúa, incluye las nociones de identidad y territorio como se hace mención en el capítulo anterior. Entre las acciones comunitarias se visualizan: la creación de redes, educación popular, diálogo y conversación. Lo comunitario implica que las decisiones, las acciones y el poder sobre el espacio común sean colectivas bajo principios de solidaridad, inclusión y empatía.

Las agrupaciones comunitarias se ven a sí mismas como grupos sociales, esto implica tres principios; poseer una identidad común, sentido de interdependencia, estructura social y normas. Las agrupaciones comunitarias no son comunidades en sí mismas, sino que trabajan al interior de una comunidad compuesta por una serie de otros grupos sociales con los que la agrupación dialoga y se articula, en ocasiones estos grupos sociales son los activadores y catalizadores de la acción comunitaria.

Una de las preguntas que debemos hacernos es sobre los entornos socioculturales en los que las organizaciones sitúan su trabajo: ¿son comunidades o la comunidad es solo un conjunto de personas que comparten estructuras físicas comunes? También sería pertinente cuestionar si la comunidad hace referencia a los vínculos y relaciones que hablan de una vida común.

Por su parte el Estado establece una distinción entre una organización comunitaria territorial, una organización comunitaria funcional y organizaciones culturales comunitarias:

> *Organización Comunitaria Territorial:* Las Juntas de vecinos son organizaciones comunitarias de carácter territorial representativas de las personas que residen en una misma unidad vecinal y cuyo objeto es promover el desarrollo de la comunidad, defender los intereses y velar por los derechos de los vecinos y colaborar con las autoridades del Estado y de las municipalidades (Ley N° 9418).
>
> *Organización Comunitaria Funcional:* Aquella con personalidad jurídica y sin fines de lucro, que tenga por objeto representar y promover valores e intereses específicos de la comunidad dentro del territorio de la comuna o agrupación de comunas respectiva (Ley N°19418).
>
> *Organización Cultural Comunitaria:* Grupo de personas que desarrollen un trabajo permanente y sostenido, con más de dos años ininterrumpidos realizando acciones específicas de carácter colectivo, con sentido artístico y/o cultural, en el espacio público.

Si bien los tipos de organizaciones se enfocan en el trabajo de lo "comunitario", al aislar sus definiciones pareciese que cada tipo de organización apunta a parcelas específicas de esta dimensión, dejando de lado la idea de integralidad que emerge desde el discurso de las participantes. Por ejemplo, una unidad territorial se enfoca en la promoción y desarrollo de la comunidad, la defensa de los derechos de los vecinos y vecinas y la colaboración con otros organismos del Estado, una organización funcional se enfoca en la representación y promoción de valores específicos de la comunidad, por ejemplo clubes deportivos, clubes de adultos mayores; en tanto que una organización comunitaria se enfoca en la transformación social del territorio en el que habita e interviene en otros ámbitos como los son: movimientos sociales, ciudadanos; locales, nacionales e internacionales, a través de lo artístico cultural. Cada definición apunta a porciones diferenciadas del espacio, sin embargo, en la práctica muchas veces los roles de estas se ven intercambiados, entrelazados, fusionados o ausentes.

Por su parte, las agrupaciones son actores sociales, que poseen una postura frente a los temas que los atañen, emplean la movilización para la transformación social, se articulan interpelando la norma o la política que los margina de las esferas de decisión, diferencia sustancial con relación a las organizaciones territoriales y funcionales las cuales tienden a vincularse con el Estado instrumentalmente, dependiendo su subsistencia del financiamiento de proyectos que sostienen su existencia.

Estos actores sociales desarrollan la capacidad de adaptación a las contingencias de su entorno en busca de su supervivencia interna y del bien común, son vistos como promotores culturales que trabajan con y para la comunidad, impulsando procesos sostenibles y graduales con proyectos comunitarios activos, como protagonistas de su propio desarrollo y son capaces de asumir su incidencia en asuntos públicos del territorio del que son parte, pudiendo flexibilizar su misión/visión organizacional potenciando temas contingentes (ambientales, sociales, económicos, derechos humanos y otros) que interpelan a la comunidad.

La transformación social

La transformación social es el elemento común y transversal que emerge desde el discurso de las organizaciones participantes de esta investigación, no sólo es discursivo, sino que también apela al sentido de sus acciones y orientaciones. La transformación social propuesta por las agrupaciones se diferencia en relación al discurso del Estado, porque propone un cambio de paradigma de la ciudadanía, relacionado a valores comunitarios, en un escenario donde prima la individualidad y la fragmentación de los espacios de la vida. Conceptualmente se distinguen porque la transformación social implica cambios radicales, en la forma de pensar y hacer las cosas, desde las organizaciones, los conceptos asociados a la transformación social son: necesidad, romper paradigmas, política comunitaria, ampliar criterios, cambio de pensamiento, intercambio de conocimientos, superación, búsqueda de sensibilización, impacto comunitario, cultura viva, dinámica adaptativa, resistencia a lo establecido, acción con conciencia, revolución, puede ser impuesta o voluntaria. Toda organización comunitaria ve la participación en términos de la transformación social como una disposición activa de su voluntad a intervenir en algo.

Por otro lado, las políticas culturales actuales en su declaración de principios, no nos hablan de la transformación social, sino que emplean el concepto de desarrollo sostenible y a partir de ello la cultura se visualiza como el motor principal del desarrollo. En este plano, el desafío para la institucionalidad es converger en líneas programáticas que logren llevar a la práctica esta declaración.

Por lo mismo se hace urgente diseñar, a través de este enfoque participativo de derechos culturales, líneas de trabajo colaborativo entre las agrupaciones, la comunidad y la institucionalidad, a fin de ir generando espacios de encuentro y de reflexión crítica a través del propio quehacer, visibilizando las prácticas de estas organizaciones desde lo colectivo como eje central de la visión de transformación.

El territorio para una organización cultural comunitaria es un lugar simbólico, donde memoria e identidad social y colectiva se entrelazan para otorgar significados al espacio físico en el que este se localiza. El territorio es social y cultural, pero también posee una dimensión material.

La diferencia sustancial entre una definición territorial desde las agrupaciones con relación a la definición de territorio desde la institucionalidad tiene que ver con la forma en la que se delimita este. Para una agrupación el territorio no posee una división formal, administrativa o física; sus límites están marcados por el sentido de pertenencia, la idea de un lugar común próximo a la definición de hogar y la idea de encuentro.

El territorio delimita la posición desde la cual se sitúa la organización, este no es definido por sí mismo, sino que en relación con otros territorios que cohabitan en un espacio social mayor donde se ubican los límites.

El territorio es relacional y se define en consonancia con otros territorios, donde muchas veces la organización se ubica desde posiciones definidas como marginales. Predominantemente en esta región reconocida como Wallmapu, espacio territorial que abarca más allá de los límites administrativos establecidos por el Estado.

El territorio es un espacio de acción donde la cultura y el arte son mecanismos empleados para la transformación social, la valoración del espacio común y la apropiación comunitaria del espacio.

En esta investigación hemos notado que si bien la trama de redes sociales que construye una organización cultural comunitaria puede superar los límites de lo local o del "territorio propio", no significa que éstas hayan olvidado por completo la necesidad de un espacio material para llevar a cabo su trabajo, más bien el entramado de relaciones se ha complejizado en términos de contacto e interacción con otras redes que están más allá de lo local. La tendencia a desterritorializar las organizaciones puede tender a quitar fuerza, poder y autonomía y reducir a cualquier colectivo a la categoría de organización cultural comunitaria, aspecto que no compartimos en esta publicación.

Una agrupación comunitaria necesita de un espacio para desarrollar su acción, desde una calle, un centro comunitario, la casa de algún integrante, la biblioteca municipal; el parque público, la ribera del río, las paredes, el campo; siempre habrá un lugar donde desarrollar el trabajo. Por eso no da lo mismo el lugar desde donde se manifiesta y actúa una organización, pues el territorio es también la gente que lo compone, el territorio no existe por sí solo, sino que está anclado a las acciones que generan los sujetos sobre él.

Además, una de las diez orientaciones que guían la política nacional cultural, señala: "ciudadanías activas con incidencia en la acción pública en cultura", esto toma relevancia cuando la acción de las comunidades empoderadas y conscientes de sus derechos dice estrecha relación con el territorio en que habitan.

En los documentos institucionales de la Política Nacional de Cultura (2017-2022), se establecen diferencias entre territorio, territorio cultural y enfoque territorial:

> *Territorio*: "Un ambiente de vida, de acción y de pensamiento de una comunidad asociado a procesos de construcción de identidad." (Tizón, 1995). "Una trama de relaciones con raíces históricas, configuraciones políticas e identidades que ejercen un papel todavía poco conocido en el propio desarrollo económico" (Abramovay, 1999).
>
> *Territorio Cultural*: Espacio donde la actividad cultural se desarrolla, incluye el entorno físico, su historia, las características sociales y económicas, y en particular los imaginarios sociales compartidos. Entonces territorio cultural será una configuración compleja de "espacios" naturales, históricos,

sociales y representacionales, que determina y en la cual se desarrolla cierta actividad, llamada "cultural".

Enfoque Territorial: Reconocer la diferencia en términos de condiciones, potencialidades, oportunidades, lógicas, dinámicas y maneras de relación con el mundo que existen entre los territorios urbanos y rurales, y entre las distintas zonas de la ciudad, con el fin de orientar las políticas, la acción y la inversión de una manera equitativa, de tal forma que se minimicen los impactos y se garantice la inclusión de todos los territorios en las dinámicas de desarrollo global (Política Nacional de Cultura, 2017-2022).

La memoria

"La memoria no es solo nostalgia. Es un acto que nos garantiza una sociedad más humana." [Agrupación Familiares de Detenidos Desaparecidos y Ejecutados Políticos de La Araucanía, 2017].

Desde este punto de vista es que memoria e identidad se hacen fundamentales para comprender los discursos de las organizaciones que hicieron parte de esta investigación. La memoria es entendida como la historia no oficial, que influencia en la conformación del territorio y colectivo, habla del origen, naturaleza y esencia de lo que nos constituye como seres humanos, forja la estructura y tejido social, la memoria son vivencias, hechos e hitos que trascienden, la memoria define la identidad de un grupo.

Muchas organizaciones parten su trabajo desde la reconstrucción de la memoria y las tradiciones para avanzar en la construcción de la identidad y alcanzar la transformación social, esta última no es posible de alcanzar sin antes entender las raíces, el origen del lugar de acción desde donde se ubicará la agrupación y también es fundamental porque en el análisis de la memoria podemos encontrar algunas respuestas a las preguntas sobre cuándo se produce el distanciamiento entre la organización comunitaria y el Estado, cuál es el rol de una organización en su territorio entre otras que desarrollaremos más adelante.

La memoria es parte de las líneas de acción fundamentales de una agrupación, con diferentes énfasis y tratamientos siempre está presente. Como bien señala la frase que acompaña este texto, la memoria no es solo nostalgia, la memoria es también empleada como recurso para la no repetición en casos de violación de Derechos Humanos, la memoria es una herramienta reivindicativa y de resistencia.

En el trabajo de la memoria que realizan las organizaciones comunitarias está también una idea de volver al origen, revertir las situaciones negativas, mejorar las condiciones actuales, parte del rol fundamental de una organización es mejorar el entorno de acción en el que se ubica, para alcanzar esta meta no basta con actuar sobre las circunstancias actuales es necesario forjar el trabajo desde la memoria.

La memoria no es estática, está en constante transformación y su influencia abarca diferentes tiempos y espacios, la memoria así también tiene que ver con el territorio y los contextos desde donde emerge y se sustenta una agrupación.

La incorporación de la memoria como línea programática, dentro de la institucionalidad cultural es reciente, y esta hace referencia, específicamente, a la memoria y los derechos humanos vinculados a los crímenes de lesa humanidad, como medida de visibilización y reconocimiento de los sitios de memoria histórica. Quedando pendiente ampliar esta mirada, tal como lo señala la nueva política reconociendo los diversos tipos de memorias: "memorias históricas y colectivas reconocidas, valoradas (re) construidas en equilibrio con la institucionalidad y las comunidades".

En el tratamiento de lo cultural, este ámbito es indispensable para la reconstrucción de un "nosotros" y de una ciudadanía que reconoce un pasado histórico reciente el cual urge abordar porque nos permitiría comprender los procesos de crisis actuales, que tienen que ver con la diversidad cultural, la conformación de los territorios y la vinculación del Estado con la comunidad. En esto último, las agrupaciones juegan un rol fundamental para articular y visibilizar las distintas memorias presentes en los territorios, lo que forma parte de la sustentabilidad e integralidad de los procesos de cambio que se pretenden conducir, los que no surgen por generación espontánea, sino que son productos de múltiples historias comunes, convergentes y divergentes.

La educación

"Educación es libertad"
(Organizaciones Comunitarias del Wallmapu)

En primer lugar, la educación para las organizaciones del territorio debe ser: independiente, popular y comunitario, los principios que guían la conceptualización de educación incorporan promover la valoración por sobre la competencia. Algunas agrupaciones hablan de autoeducación como el aprender e informar desde la comunidad y hacía la comunidad, lo que la comunidad quiere aprender.

El aprendizaje es una experiencia colectiva y constante, en los procesos sociales levantados por las agrupaciones, todos aprenden desde la experiencia y el quehacer, implica procesos de enseñanza desde lo local, reconociendo los múltiples saberes de individuos y colectivos, los cuales se intercambian como conocimiento. La educación popular implica una alternativa a la educación formal, implica la valoración por las raíces, la historia, el respeto individual y colectivo y es una forma natural de aprendizaje en sociedad que implica felicidad y goce.

La formación apunta a impulsar y desarrollar programas que permitan fortalecer lo que algunos autores denominan "capital cultural" (Bourdieu, 1979), integrando las particularidades de cada comunidad. Esto busca la formación, a través del acceso a equilibrar capitales diferenciados de los sujetos y personas donde se incluye lo social, lo educativo y lo cultural que permita que todos y todas puedan apreciar distintas y diversas expresiones artísticas sin importar su origen o clase. Lo que también podríamos asociar a la idea de justicia, distinguiendo entre un acceso físico y un acceso económico, como limitantes o no del consumo cultural. Por otro lado, también se añade la importancia de la educación artística, cultural y patrimonial como parte integral para el desarrollo individual y colectivo.

La educación artística permite el desarrollo integral de las personas, favoreciendo el pensamiento abstracto y divergente. La inclusión transversal de la cultura, las artes y el patrimonio en el currículo escolar, así como la educación para las artes, son acciones centrales para favorecer el pleno desarrollo de niños, niñas y jóvenes en los espacios de educación formal.

> Además de insertarse en las discusiones metodológicas de la educación, también los movimientos sociales cuestionan la integración de los sujetos de la práctica educativa: el Estado educador no tiene el monopolio exclusivo de la formación de ciudadanos, los mismos ciudadanos se pueden formar entre sí mismos, apoyándose a veces en el Estado y a veces oponiéndose a él, en la medida que organicen sus aprendizajes en el proceso de aprender a organizarse. Unido al debate sobre los sujetos de la educación, algunos movimientos sociales también se están convirtiendo en sujetos de la pedagogía, productores creativos de conocimiento sobre los procesos de formación humana y ciudadana. Finalmente, en los debates acerca de la intencionalidad de la práctica educativa y en la relación entre la disputa política (por el orden público) y las políticas públicas educativas, también la reflexión sobre movimientos sociales y educación tiene algo que aportar, así

como abre en este campo nuevas polémicas (Díaz, 2007, p. 78).

En la sección de desafíos para la institucionalidad presente en la nueva política nacional de cultura, en el contexto del trabajo con pueblos indígenas, con relación al ejercicio de revitalización cultural y lingüística. Se hace mención a los conocimientos tradicionales.

Creemos que esto último representa un avance en las comprensiones sobre la educación, valorando los diversos tipos de conocimientos que pueden cohabitar en un territorio, sin embargo, su alcance aún está puesto en lo discursivo, la pregunta es cómo la institucionalidad tomará estos desafíos planteados, qué rol ejercerán las agrupaciones para que sus definiciones de educación se interconecten con las definiciones institucionales y viceversa, pero por sobre todo cómo se construirá esto en la práctica y el quehacer cotidiano. En términos de valores y propósitos ambos actores apelan a la importancia de la educación para el desarrollo integral de las personas y colectivos, pero, como ocurre esto en la práctica y no en el discurso, es el espacio donde probablemente encontremos las mayores diferencias.

La autogestión es la forma de trabajo más empleada por las organizaciones participantes, varía entre la administración y generación consiente de los recursos, la participación para la toma de decisiones, la organización de actividades, y el posicionamiento frente a la institucionalidad. Es una forma de educación y autoeducación. Implica un conocimiento profundo de los contextos y situaciones para un abordaje más "eficiente" del trabajo, ya que la autogestión se asocia al desarrollo de múltiples tareas y un sentido de independencia y autonomía, en particular frente al Estado. Pues la autogestión no implica el aislamiento, sino que requiere de la construcción de vínculos y redes con otros actores sociales.

Entonces, el mayor atributo de la autogestión es la independencia ideológica frente al Estado, en donde los principios éticos, valóricos y políticos que orientan el accionar de una agrupación en relación a lo comunitario, las formas de vinculación y en la mirada de lo cultural, ambiental, económico y social parecieran desvincularse de los principios a los que apela el Estado. Es así como la autogestión implica articulación para con algunos, e independencia y autonomía para con otros.

En este sentido, la autogestión desarrollada por un individuo puede provocar agotamiento y desgaste, por ello es importante la participación consiente y responsable de todos los integrantes del colectivo, quienes en conjunto actúan, aprenden y reflexionan para la toma de decisiones, la participación es necesaria para que la autogestión robustezca al grupo, al contrario de desgastarlo.

La participación es una responsabilidad colectiva, que implica vocación y condiciones de horizontalidad e igualdad entre los actores vinculados a una problemática, situación o acontecimiento en particular.

Para la transformación social es fundamental la construcción de derechos y deberes colectivos. La participación, no implica solo consulta, es una forma de actuar sobre las cosas. En este punto es donde podemos ver cómo el discurso y forma de actuar de las agrupaciones se desvincula en su relación para/con el Estado y es el lugar donde las desconfianzas tienen su caldo de cultivo. Ya que, por un lado, el Estado no ha logrado diseñar políticas realmente vinculantes y participativas, convocando a los actores principalmente para la consulta y no para la toma de decisiones.

Desde la otra vereda, el Estado nos habla de la participación enfocándola desde las ideas de acceso, como reconocimiento y consulta, que si bien son necesarias no bastan, dado que para una participación efectiva, es necesario que se considere a los actores sociales no sólo como informantes, sino que como ciudadanos capaces de actuar frente a la toma de decisiones.

Consideraciones finales

Para las agrupaciones el eje articulador de sus acciones y discursos tiene que ver con la idea de transformación social, esta que se da en un territorio caracterizado más allá de las divisiones geográficas formales, la construcción de la idea de territorio tiene que ver con la memoria y con el cómo se construye una identidad propia sobre el espacio, en este sentido el territorio para las agrupaciones es un lugar simbólico, espacio de acción, un lugar público colectivo al cual se pertenece y del cual la comunidad se debe apropiar. El territorio representa también la posición desde la cual se sitúa para actuar; para las agrupaciones el territorio se encuentra estratificado y diferenciado socialmente, donde la posición del colectivo generalmente es actuar desde la marginalidad y desde la resistencia; el territorio puede ser barrial, urbano y ecológico (recalcar que estos antecedentes son el contexto de la investigación y en base a las características de las agrupaciones participantes).

Sin embargo, en estos diversos contextos, las agrupaciones también pasan por un desafío no menor a la hora de plantear sus estrategias de sostenibilidad, en cuanto generar espacios participativos y lograr los ambiciosos objetivos planteados: formación, generar conciencia crítica, implicancia, ciudadanía cultural. Objetivos compartidos por la institucionalidad pero que responden a las propias dinámicas del territorio a diferencia del Estado, que debe responder a tiempos administrativos, voluntad política y énfasis políticos cada 4 años con lo que ello implica. Algunos de estos elementos son los que señalan las agrupaciones tienden a generar desconfianza entre ambos actores.

Esta desconfianza es reconocida por la institucionalidad planteándola como desafío a abordar en su política nacional cultural 2017-2022 señalando lo siguiente:

> Insuficiente confianza entre el Estado y las organizaciones de la sociedad civil: se observa la necesidad de reconstruir la confianza entre el Estado y la sociedad civil, sus comunidades y creadores, para avanzar en el cumplimiento de objetivos comunes. Las organizaciones culturales perciben como escaso el reconocimiento de su labor por parte del Estado, por lo que es necesario asegurar que la institucionalidad cultural fortalezca a estas organizaciones, en particular a través del trabajo en redes territoriales (Cultura y desarrollo humano: derechos y territorio, 2017-2022, p. 69)

Sin embargo, también se reconoce que esta desconfianza de parte de las agrupaciones hacia el Estado muchas veces se infunde en prejuicios y desconocimiento de las herramientas y de la misma política. Aquí podríamos expresar la dicotomía entre el discurso de las mismas agrupaciones como agentes transformadores haciendo puentes entre los instrumentos existentes y las necesidades territoriales.

Desde la lectura de la ciudadanía cultural, ésta debiera ser un interlocutor activo, informado y sobre todo demandante de las políticas culturales. Es decir, convertirse en un actor que desde su propia definición de interlocutor, colaborador y exigente de hacer respetar sus derechos culturales a los que adscribe. Desde esta lógica la relación con el Estado no debiera implicar dependencia, por el contrario, establecer vínculos colaborativos, a fin de posicionar un rol ciudadano tanto en el diseño, seguimiento e implementación en conjunto de las políticas culturales.

En la actualidad las agrupaciones señalan que cada día es más difícil la autogestión, debido a la falta de un flujo económico que les permita mantener una total independencia de los instrumentos estatales. Por lo cual la existencia del Fondo para iniciativas culturales comunitarias se valora, pero se señala que no es suficiente, pues se ve como contradictorio con el discurso del trabajo en red, puesto que hace competir a las mismas agrupaciones y peor aún, no existe un filtro institucional que diferencie a las distintas organizaciones, haciendo de éste un fondo más al que se suman organizaciones funcionales que no cumplen las características determinadas según el criterio aplicado ante determinado marco programático.

Cabe aquí la pregunta ¿qué mecanismos estatales debieran diseñarse para un real aporte a las agrupaciones? ¿Cómo y a qué tipo de actividades se focalizarán los recursos? ¿Para qué tipo de agrupaciones están destinados? ¿Aplican un criterio inclusivo? ¿Admiten la diversidad de agrupaciones o son siempre las mismas las beneficiadas?

Podría señalarse también las diferencias en la forma de concebir la presencia del Estado en la esfera de lo simbólico, aquí por ejemplo emerge la memoria como un elemento fundamental de las agrupaciones para reconocerse y plantarse desde lo popular, desde lo colectivo. La recuperación de la memoria, evocar a la reflexión desde la historia para analizar los hechos actuales es una de las didácticas de las agrupaciones que emergen como mecanismo de resistencia y crítica a las lógicas individualistas y de mercado.

Por otra parte y haciendo mención a la construcción de esta ciudadanía cultural, es quizás al fragor de las agrupaciones donde efectivamente se están generando procesos de educación cívica, de conciencia de derechos, de reconocimiento de la diversidad cultural a través de los vínculos que nacen y se desarrollan en los territorios asumiendo y resolviendo conflictos y necesidades, quizás podamos ver en estos espacios un aporte real a una ciudadanía más reflexiva y crítica de los fenómenos políticos y sociales que se dan en la actualidad a diferencia de las estrategias del Estado, que a partir de una lógica de fragmentación de una escasa valoración del aporte de lo cultual a procesos de desarrollo y a herramientas de financiamiento basados mayoritariamente en fondos concursables genera relaciones asistencialista e instrumentales, dando mayor importancia a los productos que a los procesos sociales.

Aquí radica una importante diferencia de miradas y una de las críticas más reiteradas de las agrupaciones al Estado: ¿verdaderamente avanzamos a una participación vinculante que permita la posibilidad de codiseñar (en conjunto) con miradas de procesos, más allá de los tiempos administrativos o seguimos replicando mecanismos para absorber a las agrupaciones dentro de un modelo de fragmentación que ya no resiste el clima de resistencia y desconfianza?

Otro de los aspectos que resaltan es el grado de incidencia de las agrupaciones; es difícil que estas, por sus características en la región, puedan tener un impacto más allá de su rango territorial. Por lo cual la visibilización de los aportes que cada una realiza podría tomar mayor realce y protagonismo en su articulación y en la construcción de un relato común de sus aportes a lo comunitario y al trabajo en red que irrumpa en los escenarios políticos locales y regionales para salir de la marginalidad en la que hoy muchas se encuentran.

Por último, cabe señalar que otra importante tensión entre las agrupaciones y el Estado pareciera estar en las formas de concebir la autogestión y la participación. Existen principios éticos e ideológicos movilizadores de estas organizaciones y que apuntan a formas de relacionarse tanto con la comunidad, con lo ambiental, con las prácticas económicas, etc., asociadas a un modelo de desarrollo basado en el bien común, en la sustentabilidad, en el reconocimiento de la diversidad cultural del territorio, de su memoria histórica que se contrapone con el modelo de desarrollo que administran los gobiernos de turno.

En este contexto, se asocia la vinculación al Estado a un desprestigio de las agrupaciones ante las mismas redes de colaboración y a las comunidades de las que emergen y que las sustentan.

Desde los aspectos comunitarios que dicen relación con prácticas donde la educación popular, la autogestión, la memoria histórica y la conciencia del territorio en su diversidad van delineando las prácticas de la comunidad y los objetivos de las propias agrupaciones, la participación debiera surgir casi como una consecuencia misma de estos procesos a diferencia de las políticas públicas que implementan la participación como un enfoque de trabajo pero que se limita a generar espacios para entrega de información, consulta y cuantificación de datos para cumplir productos, y no existe una vinculación con los espacios de poder o toma de decisiones reales.

Podemos resumir que en la construcción de una ciudadanía cultural, hoy en día no basta con las políticas culturales si estas no incorporan dentro de sus líneas programáticas, mecanismos e instrumentos que fortalezcan los procesos comunitarios como enfoque de trabajo, vinculados a potenciar el rol de las agrupaciones en los territorios.

La participación efectiva, entendida como la instancia de toma de decisiones, debe ser una consecuencia de otros procesos tales como: la sensibilización, el acceso, la educación formal y popular, el fomento de las artes, el reconocimiento de patrimonio, la memoria e historia, la diversidad cultural entre otras. Todas temáticas que las agrupaciones trabajan a través de metodologías alternativas que pueden ir perfeccionando en una relación de trabajo cooperativa entre el Estado y estas organizaciones.

Una ciudadanía que tiene acceso a la información, que desarrolla habilidades reflexivas y críticas para percibir y relacionarse en comunidad y con su entorno va generando prácticas más democráticas, sustentables y en respeto con las diferencias y el medio ambiente.

Cabe aquí la importancia del impacto del trabajo de las agrupaciones ya que el ejercicio de estas prácticas, con toda la precariedad que conlleva en términos materiales y muchas veces de desgaste personal y en tiempos marginales, parecieran ser más efectivas que las formas de implementación de planes y programas que apuntan a resultados cuantitativos más que a la instalación de procesos.

El desafío mayor pareciera entonces estar en la oportunidad que brinda la institucionalidad cultural de participar activamente en el diseño e implementación de las políticas culturales. En este espacio de convergencia debieran ambos actores poner a disposición herramientas, saberes y recursos para avanzar en la construcción de esta ciudadanía cultural. Si no se reconoce este aporte como el fundamental para los procesos de desarrollo de un país, lejos estamos de avanzar en conjunto en la construcción del horizonte soñado.

Al cerrar estas conclusiones queremos compartir algunas reflexiones que surgen y que motivarán las discusiones venideras con las agrupaciones de la región de La Araucanía:

¿Qué proyectos o actividades de las agrupaciones están orientadas hacia la transformación social? ¿Cuál es el impacto en sus comunidades? ¿Para qué tipo de actividades es necesario recurrir al Estado? ¿Cuáles son los derechos culturales mínimos que el Estado debe garantizar para las agrupaciones y sus miembros? ¿Cómo desarrollarán sus demandas al Estado para hacer cumplir sus derechos?

La memoria se mantiene, pero se cambian las costumbres. La memoria es el vínculo. En estas organizaciones se vuelcan otras nociones, otros principios de vida. Tal vez nos acercamos a un cambio de paradigma, desde lo moderno a una época diferente, con características de la mirada "mundo medieval". Donde conviven características y elementos imprescindibles: la memoria, la tierra, la comarca o la comunidad, incluso una proto comunicación, las semillas, la sana alimentación, el arte (música, muralismo, títeres); por ende la infancia, la economía, la libertad y el espacio público.

Por su parte las agrupaciones rescatan desde sus saberes populares esa noción del "buen vivir" desde cada espacio político de construcción creativa local: las manifestaciones culturales en las calles, a favor de los derechos de agua, los niños de la población pintados cantando y bailando con sus familias, con expresiones de alegría y a la vez, haciendo "acto de presencia". Esa alegría contagiosa que inmoviliza todo tipo de catalogación de subversión desde la hegemonía. En esa convivencia se hace civilización, se hace cultura.

Este libro resultó ser experimental y especialmente, recursivo, puesto que arrojó de regreso nociones resignificadas; nuevos vínculos y matrices de pensamiento. Quizás este fenómeno responda sólo a la interpretación natural y a la lengua, pero creemos que es más que eso, es un cambio de posición para observarnos y organizarnos para saltar sobre el mundo y asirlo definitivamente como lo deseamos.

Creemos, sin embargo que también nos deben una explicación desde la esfera de lo institucional para saber qué sucedió con nosotros y nuestros sueños, ¿qué hicieron con ellos?

Buscamos –a través de este libro/herramienta- ser plataforma de encuentro y de discusión entre las organizaciones del Wallmapu, La Araucanía, pero asumiéndonos resistentes, diversos, críticos a las nuevas plataformas institucionales que no representan al mundo popular, al modo de concebir la cultura. Al decir del escritor Eduardo Galeano: *"la cultura o es comunicación o no es nada"*.

Epílogo

La lectura del presente trabajo, implica el deleite para el latinoamericano y la responsabilidad de su puesto en el mundo. Entendiendo cultura, como un proceso de significaciones de (y desde) nuestra experiencia e identidad social, es la trama que expresa el alarido humanista de nuestra América, en la creación y la sobrevivencia -sin virtualidades- de nuestros orígenes al presente. (¿Acaso otros tales pueden ser la cultura y el territorio?). Obras como éstas, nos auxilian en la ardua y dura tarea (en el caso de poder elegir) por una cultura identitaria latinoamericana. Con fraterno respeto. Gracias.

Luisita Rosas Blezio
Profesora (favorita) de literatura desde 1980, Montevideo, Uruguay.

Un libro pensado para un lector curioso y comprometido con la vida; ideal para docentes e historiadores y apasionados por saber más sobre otras culturas. Los aportes de los diferentes colectivos participantes posibilitan descubrir la fortaleza y convicción por conservar la identidad, el valor otorgado al territorio y al patrimonio cultural de cada región, resaltando el valor de la participación popular. Atrapan al lector tanto los relatos de los participantes como los aportes conceptuales construidos por la reflexión y análisis bibliográfico de diferentes autores. Como docente considero que se presentan excelentes aportes para trabajar en el aula.

Sonia Destéffanis Chiazzo
Maestra rural y ex directora de escuela pública, Canelones, Uruguay

En el escenario del mundo actual los autores buscan el sentido existencial en las manifestaciones culturales de la Araucanía donde comunidades viven, comparten, sufren y sueñan lograr sus legítimas aspiraciones. A través de la comunicación, como elemento común y natural de esta existencia; encuentran en la palabra el lenguaje que sintetiza los gozos y esperanzas, las angustias y tragedias como adversidades que superan con valentía. Estas agrupaciones, sin perder su identidad cultural y social se abren al mundo y desean lograr la comunicación plena que valora su dignidad y sus nobles ideales.

Juan Roger Rodríguez Ruiz
Sacerdote, Doctor y docente universitario, Chimbote, Perú.

Memoria: Para informar, inconformar, formar y transformar

La lluvia, los pájaros y los bosques que vieron nacer al poeta, era lo único que conocía de la Araucanía. Un día, mi amigo y hermano Víctor Adrián Díaz, me brindó la posibilidad de conocer otra faceta de ese húmedo y fértil territorio y aquí estamos, sumergidos en las páginas que rescatan semblanzas y analizan discursos de agrupaciones culturales de esos pagos.

Lo primero que se me ocurre al terminar de leer el texto de Rodolfo y Adrián es que, obras como estas, garantizan una sociedad más humana; es decir, una sociedad con personas bondadosas, generosas, comprensivas, tolerantes, caritativas y que se compadecen de sus semejantes; tal cual, los pintores, actores de teatro, literatos, músicos, comunicadores, ecologistas, tejedoras, defensoras de las semillas nativas y de los Derechos humanos; integrantes de las agrupaciones culturales que en este libro se retratan. Este, es un libro necesario; es un libro que inspira y que motiva; es un libro que nada en contracorriente, que propone "pensar en global y actuar en local"; es un instrumento de lucha en contra de la pérdida del conocimiento, la memoria y la tradición; es un libro cuyo estudio, si bien solo se circunscribe a los 31.858 Km2 de una de las 16 regiones de Chile (la Araucanía), bien puede aplicar a cualquiera de nuestros países latinoamericanos, es un libro que nos recuerda que, uno a uno todos somos mortales, pero que juntos seremos eternos y que el único desarrollo sostenible posible es el auto-desarrollo. Rodolfo y Adrián, Adrián y Rodolfo, gracias por entregarnos ésta herramienta, hecha para informar, para inconformar, para formar y para transformar nuestras vidas y las vidas de nuestros pueblos.

Ubaldo Padilla Pérez
Poeta, abogado, periodista y docente, Camiri, Bolivia.

Referencias bibliográficas

Bajoit, Guy. *El cambio sociocultural.* México: UNAM, 2010. Impreso.

Baudrillard, Jean. *Cultura y simulacro.* Barcelona: Kairós, 1978. Impreso.

Bauman, Zygmunt. *Modernidad Líquida*, Buenos Aires: Fondo de Cultura Económica de Argentina S.A., 2003. Impreso.

Beriain, Josetxo y Lanceros, Patxi, comps. *Identidades culturales.* Bilbao: Universidad de Deusto, 1996. Impreso.

Campos, Agustín. *Mapas conceptuales, mapas mentales y otras formas de representación.* Bogotá: Cooperativa Editorial Magisterio, 2005. Impreso.

Castells, Manuel. *La era de la información: economía, sociedad y cultura.* Vol. II. México: Siglo XXI, 2001. Impreso.

Chihuailaf, Elicura. *Sueños de Luna Azul y otros cantos.* Santiago de Chile: Fundación Pablo Neruda, 2008. Impreso.

Díaz, Pablo. *Tierra y Educación en el campesinado de Santiago del Estero*, Buenos Aires: Nuestra América, 2007. Impreso.

Díaz, Víctor. "Lo popular no-rating. Soberanía de la comunicación popular en América Latina." *Perspectivas de la Comunicación*, vol. 2, n° 1, pp. 75–89, UFRO, Temuco, Chile, 2009. Web. 08 de feb. 2020. Archivo PDF.

Freire, Paulo. *Pedagogía del oprimido.* México: Siglo XXI, 1970. Impreso.
---. *La educación como práctica de la libertad.* Montevideo: Tierra Nueva, 1967. Impreso.

Fals Borda, Orlando y Rodrigues Brandâo, Carlos. *Investigación participativa*, Montevideo: Ed. de la Banda Oriental, 1991. Impreso.

Herrera, Nicolás y López, Lorena, comps. *Ciencia, compromiso y cambio social. Orlando Fals Borda*. Montevideo: El Colectivo; Lanzas y Letras; Ext. Libros, 2014. Impreso.

Heimlich, Joan y Pittelman, Susan. *Elaboración de mapas semánticos como Estrategia de aprendizaje*. México: Trillas, 2001. Impreso.

Huergo, Jorge. "El universo vocabular y la pre-alimentación, en Educación/Comunicación." Blog, 2006. Web. 08 de feb. 2020.

Johnson, Dale, Pittelman, Susan y Heimlich, Joan. *Semantic mapping. The Reading Teacher*. 39, 8, April 778-783, 1986. Web. 08 de feb. 2020. Archivo PDF.

Kaplún, Mario. "Del educando oyente al educando hablante perspectivas de la comunicación educativa en tiempos de eclipse". *Diálogos*, Año 1 (37), 2012. Web. 08 de feb. 2020. Archivo PDF.
---. *Una pedagogía de la comunicación*. De La Torre: Madrid, 1998. Impreso.
---. *El comunicador popular*, Montevideo: Humanitas, 1987. Impreso.

Ley N°19418 (1997) *Sobre Juntas de Vecinos y demás Organizaciones Comunitarias*. Ministerio del Interior; Subsecretaria de Desarrollo Regional y Administrativo.

Lloyd, D. and Thomas, P. (1998) *Culture and the State*. New York: Routledge.

Ministerio de las Culturas, las Artes y el Patrimonio. "Política Nacional de Cultura (2017-2022) Cultura y Desarrollo Humano:

Derechos y Territorio". Chile. Web. 08 de feb. 2020. <https://www.cultura.gob.cl/politicas-culturales/nacional/>

Moro, Wenceslao. *Un acercamiento a una práctica libertaria en la propuesta de la educación popular.* Madrid: Atrapasueños, 2003. Impreso.

Quijano, Aníbal. *Bien vivir entre el desarrollo y la des/colonialidad del poder.* En: Cuestiones y horizontes: de la dependencia histórico-estructural a la colonialidad/descolonialidad del poder. Buenos Aires: Biblioteca CLACSO, 2014. Web. 08 de feb. 2020. Archivo PDF.

Rebellato, José Luis. *La encrucijada de la Ética. Neoliberalismo, conflicto norte-sur, liberación,* Montevideo: Ed. Nordan, 2000. Impreso.

Rodrigo Alsina, Miquel. *Teorías de la comunicación. Ámbitos, métodos y perspectivas.* Barcelona, Universitat Pompeu Fabra, 2001. Impreso.

Silva Echeto, Víctor. *El conflicto de las identidades. Comunicación e imágenes de la interculturalidad,* Barcelona: InCom, 2013. Impreso.

Sinatra, Richard, Stahi-Gemake, Josephine y Morgan, Nancy. "Using semantic mapping improves after reading to organize and write original discourse". *Journal of Reading,* Vol. 30, No. 1, Oct. 1986, pp. 4-13. Web. 08 de feb. 2020.

Sosa, Mario. *¿Cómo entender el territorio?,* Guatemala: Ed. Cara Parens, 2012. Impreso.

UNESCO. Declaración universal sobre la diversidad cultural. México, 2002. Web. 08 de feb. 2020 <http://portal.unesco.org/es>

Von Clausewitz, Klaus. *De la guerra,* Bogotá: Labor, 1994. Impreso.

Otras publicaciones de Argus-*a*:

Sandra Gasparini
Las horas nocturnas
Diez lecturas sobre terror, fantástico y ciencia

Mario A. Rojas
Joaquín Murrieta de Brígido Caro.
Un drama inédito del legendario bandido

Alicia Poderti
Casiopea: Vivir en las redes
Ingeniería lingüística y Ciberespacio

Gustavo Geirola
Sueño. Improvisación. Teatro.
Ensayos sobre la praxis teatral

Jorge Rosas Godoy y Edith Cerca Osses
Condición posthistórica o Manifestación poliexpresiva
Una perturbación sensible

Karina Mauro (compiladora)
Artes y producción de conocimientos.
Experiencias de integración de las artes en la universidad

Jorge Poveda
La parergonalidad en el teatro.
Deconstrucción del arte de la escena como coeficiente de sus múltiples encuadramientos

Alicia Montes y María Cristina Ares (compiladoras)
Política y estética de los cuerpos.
Distribución de lo sensible en la literatura y las artes visuales

Gustavo Geirola
El espacio regional del mundo de Hugo Foguet

Domingo Adame y Nicolás Núñez
Transteatro: Entre, a través y más allá del Teatro

Yaima Redonet Sánchez
Un día en el solar, expresión de la cubanidad de Alberto Alonso

Gustavo Geirola
Dramaturgia de frontera/Dramaturgias del crimen.
A propósito de los teatristas del norte de México

Virgen Gutiérrez
Mujeres de entre mares. Entrevistas

Ileana Baeza Lope
Sara García: ícono cinematográfico nacional mexicano, abuela y lesbiana

Gustavo Geirola
Teatralidad y experiencia política en América Latina (1957-1977)

Domingo Adame
Más allá de la gesticulación. Ensayos sobre teatro y cultura en México

Alicia Montes y María Cristina Ares (compiladoras)
Cuerpos presentes. Figuraciones de la muerte, la enfermedad, la anomalía y el sacrificio.

Lola Proaño Gómez y Lorena Verzero / Compiladoras y editoras
Perspectivas políticas de la escena latinoamericana. Diálogos en tiempo presente

Gustavo Geirola
Praxis teatral. Saberes y enseñanza. Reflexiones a partir del teatro argentino reciente

Alicia Montes
De los cuerpos travestis a los cuerpos zombis. La carne como figura de la historia

Lola Proaño - Gustavo Geirola
¡Todo a Pulmón! Entrevistas a diez teatristas argentinos

Germán Pitta Bonilla
La nación y sus narrativas corporales. Fluctuaciones del cuerpo femenino en la novela sentimental uruguaya del siglo XIX (1880-1907)

Robert Simon
To A Nação, with Love: The Politics of Language through Angolan Poetry

Jorge Rosas Godoy
Poliexpresión o la des-integración de las formas en/desde
La nueva novela de Juan Luis Martínez

María Elena Elmiger
DUELO: Íntimo. Privado. Público

María Fernández-Lamarque
Espacios posmodernos en la literature latinoamericana contemporánea:
Distopías y heterotopíaa

Gabriela Abad
Escena y escenarios en la transferencia

Carlos María Alsina
De Stanislavski a Brecht: las acciones físicas. Teoría y práctica de procedimientos actorales de construcción teatral

Áqis Núcleo de Pesquisas Sobre Processos de Criação Artística
Florianópolis
Falas sobre o coletivo. Entrevistas sobre teatro de grupo

Áqis Núcleo de Pesquisas Sobre Processos de Criação Artística
Florianópolis
Teatro e experiências do real (Quatro Estudos)

Gustavo Geirola
El oriente deseado. Aproximación lacaniana a Rubén Darío.

Gustavo Geirola
Arte y oficio del director teatral en América Latina. Tomo I México - Perú

Gustavo Geirola
Arte y oficio del director teatral en América Latina. Tomo II. Argentina – Chile – Paragua – Uruguay

Gustavo Geirola
Arte y oficio del director teatral en América Latina. Tomo III Colombia y Venezuela

Gustavo Geirola
Arte y oficio del director teatral en América Latina. Tomo IV Bolivia - Brasil - Ecuador
Gustavo Geirola
Arte y oficio del director teatral en América Latina. Tomo V. Centroamérica – Estados Unidos

Gustavo Geirola
Arte y oficio del director teatral en América Latina. Tomo VI Cuba- Puerto Rico - República Dominicana

Gustavo Geirola
Ensayo teatral, actuación y puesta en escena. Notas introductorias sobre psicoanálisis y praxis teatral en Stanislavski

Argus-*a*
Artes y Humanidades / Arts and Humanities
Los Ángeles – Buenos Aires
2020

www.ingramcontent.com/pod-product-compliance
Lightning Source LLC
Chambersburg PA
CBHW031919240526
45464CB00021B/578